일러스트 **공산당 선언·공산주의 원리**

일러스트 **공산당 선언**

카를 마르크스, 프리드리히 엥겔스 지음 페르난도 비센테 그림 박종대 옮김

엥겔스가 묻고
엥겔스가 답하다 **공산주의 원리**

미메시스

MANIFEST DER KOMMUNISTISCHEN PARTEI
by KARL MARX & FRIEDRICH ENGELS (1848),
illustrated by FERNANDO VICENTE

The illustrated edition of this work was first published in Spain
by Nórdica Libros, S.L. under the title *El manifiesto comunista*.

contents

공산주의 원리 9 5

『공산당 선언』의 중판 및 번역본들의 서문 1 3 1

한 유령이 유럽을 떠돌고 있다. 공산주의 유령이.

공산당 선언

한 유령이 유럽을 떠돌고 있다. 공산주의 유령이.
낡은 유럽의 모든 세력이 대동단결해서 이 유령을 향해
거룩한 몰이사냥에 나섰다. 교황과 차르, 메테르니히
K. Metternich와 기조F.P.G. Guizot 그리고 프랑스 급진파와 독일
경찰 할 것 없이 모두.
반정부 세력 치고 집권한 적에 의해 공산주의로
폄훼당하지 않은 정파가 어디 있으며, 거꾸로 좀 더
진보적인 반정부 세력이나 심지어 반동적인 적에게
공산주의 낙인을 찍으며 되받아치지 않은 정파는 또 어디
있는가?

이 사실에서 두 가지 결론이 나온다.
우선 공산주의는 유럽의 모든 세력들로부터 이미 하나의
세력으로 인정받고 있다.
또한 지금이야말로 공산주의자들이 자신들의 견해와
목적, 경향을 전 세계에 공포하고, 공산주의 유령이라는
허황한 이야기에 당 자체의 선언으로 대응해야 할 절호의
기회이다. 그럴 목적으로 다양한 국적의 공산주의자들이
런던에 모여 다음 선언문을 기초했고, 이것은 영어,
프랑스어, 독일어, 이탈리아어, 플랑드르어, 덴마크어로
출간될 것이다.

I
부르주아와 프롤레타리아

지금까지 인간 사회의 모든 역사는 계급 투쟁의
역사이다.

자유민과 노예, 귀족과 평민, 영주와 농노, 장인과
도제[1], 간단히 말해 모든 억압자와 피억압자는 끊임없는
대립 상태에서 어떤 때는 은밀하게, 어떤 때는 노골적으로
쉴 새 없이 싸웠고, 이 싸움은 매번 전 사회의 혁명적인
개조나 투쟁 계급들의 공동 몰락으로 끝났다.

역사를 돌아보면 어느 시기 할 것 없이 거의 모든 사회가
여러 계층으로 철저히 구분되고 사회적 신분이 다양한
등급으로 나뉘어 있음을 알 수 있다. 예를 들어 고대
로마에는 귀족과 기사, 평민, 노예가 있었고, 중세에는
봉건 영주와 봉신, 장인과 도제, 농노가 있었다. 게다가
각 계급 안에도 다시 특수한 등급이 존재했다.

봉건 사회가 몰락하고 근대적 시민 사회가 태동했지만,
여기서도 계급 대립은 철폐되지 않았다. 대신 새로운

계급과 억압의 새로운 조건, 투쟁의 새로운 형태가 옛것을 대체했을 따름이다.

그런데 우리 시대, 즉 〈부르주아 시대〉의 두드러진 특징은 이런 계급적 대립들이 단순한 구도로 바뀌었다는 사실이다. 다시 말해 전 사회가 두 개의 거대한 적대 진영, 즉 〈부르주아〉와 〈프롤레타리아트〉라는 서로 직접적으로 대립하는 두 개의 거대한 계급으로 점점 분화되고 있다는 것이다.

중세의 농노에서 초기 도시들의 성외 시민城外市民[2]이 생겨났고, 이 시민들에게서 부르주아의 초기 요소들이 발전했다.

아메리카의 발견과 아프리카 우회 항로의 발견은 발흥하는 부르주아 계급에 신천지를 열어 주었다. 동인도 시장과 중국 시장, 아메리카의 식민지화, 식민지와의 교역, 교환 수단과 상품 수의 증가로 상업과 항해, 산업은 일찍이 겪은 적이 없는 비약적 성장을 경험했고, 그와 함께 무너져 가는 봉건 사회 속에 도사리고 있던 혁명적 요소들도 급격히 발전하기에 이르렀다.

지금껏 봉건적 또는 동업 조합(길드) 형태로 운영되던 산업 방식은 새로운 시장의 부상으로 급격히 늘어난 수요를 메우기에 역부족이었다. 따라서 매뉴팩처가 그 자리를

대신했다. 동업 조합의 장인들은 이런 산업을 운영하는
중산층에 밀려났고, 다양한 직인 단체들 사이의 분업도
개별 공장 내의 분업에 쫓겨 자취를 감추었다.

이후에도 시장은 점점 커져 나갔고, 수요는 끊임없이
증가했다. 이제는 매뉴팩처로도 그 수요를 감당할 수
없었다. 급기야 증기 기관과 기계 장비가 산업 생산에
혁명을 일으켰다. 매뉴팩처 자리에 근대적 대공업[3]이
들어섰고, 산업 중산층 자리에 산업 백만장자, 즉 전 산업
군단의 우두머리에 해당하는 근대적 부르주아지가 똬리를
틀었다.

대공업은 아메리카의 발견으로 준비된 세계 시장을 만들어
냈고, 세계 시장은 상업과 항해, 육상 교통에 어마어마한
발전을 선사했다. 이러한 발전은 다시 산업의 확장에
영향을 끼쳤다. 그로써 부르주아지는 산업과 상업, 항해,
철도가 확대되는 만큼 성장하고 자본을 늘렸을 뿐 아니라
중세부터 내려오던 모든 전통적인 계급을 뒷전으로
밀어냈다.

결국 여기서 우리는 근대 부르주아지가 생산 및 교환
방식에서 이루어진 이러한 일련의 기나긴 변혁 과정의
산물임을 알 수 있다.

부르주아지의 이런 발전 과정에서는 단계마다

그에 상응하는 정치적 진보도 함께했다. 봉건 영주
지배하에서는 피억압 계층이던 부르주아지가 코뮌*에서는
무장한 자치 연합체였고, 어떤 곳에서는 독립한 도시
공화국의 주민이었고 어떤 곳에서는 군주국 내의 납세
의무를 진 제3신분이었으며, 그 뒤 매뉴팩처 시기에는
신분제 왕정이나 절대 왕정에서 귀족에 대한 균형추
역할을 했고, 거대 군주국에서는 국가를 떠받치는
주요 토대였으며, 그러다 마침내 대공업과 세계 시장이

형성된 근대적 대의 국가에서는 독점적인 정치 지배권을
획득했다. 이런 측면에서 근대의 국가 권력은 전 부르주아
계급의 공통적인 이해관계를 관장하는 전담 위원회에
지나지 않는다.

부르주아지는 역사에서 고도의 혁명적인 역할을 수행했다.
지배권을 획득한 부르주아지는 봉건적이고 가부장적이고
목가적인 관계를 모두 파괴했다. 그들은 날 때부터
상전에게 묶어 놓는 온갖 봉건적 속박의 끈을 무자비하게
끊어 버리고는 인간과 인간 사이에 적나라한 이익과
냉정한 〈현금 계산〉 외에 다른 어떤 끈도 남겨 두지

않았다. 또한 신앙적인 열광과 기사도적인 감격 그리고
소시민적 우수에 담긴 성스러운 전율을 〈이기적
타산〉이라는 차가운 물속에 넣고 익사시켜 버렸다.
거기다 개인의 존엄을 교환 가치로 해체했고, 정당하게
획득해서 문서로 보장된 무수한 자유들 대신 인면수심의
상업적 자유 하나만을 내세웠다. 한마디로 종교적 정치적
환상들에 가려진 기존의 착취를 노골적이고 파렴치하고
직접적이고 인정사정없는 착취로 대체한 것이다. 부르

● 프랑스에서 생겨난 도시들이 스스로를 지칭한 이름. 봉건 군주로부터 지방 자치
와 제3신분으로서의 정치적 권리를 쟁취하기 전에도 이렇게 불렸다. 일반적으로 부르
주아지의 경제적인 발전상을 잘 보여 주는 전형적인 나라는 영국이고, 정치적 발전상
을 잘 보여 주는 나라는 프랑스이다.(1888년 영어판, 엥겔스 주)

주아지는 지금껏 경건한 경외심으로 존경받아 온 모든 직업들의 성스러운 후광을 지워 버린 것과 동시에 의사와 법률가, 성직자, 시인, 학자들을 자신들에게서 돈을 받아 가는 임금 노동자로 만들었다. 또한 가족 관계 내의 가슴 뭉클하고 감상적인 베일을 찢어 버린 뒤 가족 관계를 순전한 돈의 관계로 돌려놓았다.

부르주아지는 반동 세력이 중세 때 그렇게 경탄하던 잔인한 힘의 표출이 어떻게 나태하기 이를 데 없는 게으름뱅이 생활로 보상받았는지를 폭로했다. 인간 활동이 실로 무엇을 이룩할 수 있는지를 증명한 것도 그들이 처음이었다. 그들은 이집트의 피라미드, 로마의 수로, 고딕의 대성당과는 전혀 다른 기적을 일구어 냈고, 민족 대이동이나 십자군과는 전혀 다른 원정을 수행했다.

부르주아지는 생산 도구를 개혁하지 않고는, 그러니까 생산관계, 더 나아가 사회관계 전반을 끊임없이 혁신하지 않고는 살아남을 수 없다. 반면에 이전의 모든 산업 계급들에는 낡은 생산 방식을 그대로 유지하는 것이 첫 번째 생존 조건이다. 지속적인 생산 혁신, 모든 사회적 상황의 부단한 뒤흔듦, 영구적 불안과 동요가 부르주아 시대를 이전의 모든 시대와 구분 짓는 두드러진 특징이다. 녹슬 만큼 확고한 관계들, 그리고 거기서 파생된 과거의 존귀한 관념과 가치관은 모두 해체되고, 새로 형성된 것도 미처 자리를 잡기 전에 낡은 것이 되고 만다. 신분 질서와 관련된 모든 것은 사라지고, 성스러운 것은 모두 모독당하며, 마지막으로 인간들은 자기 삶의 실제 상황과 남들과의 상호 관계를 좀 더 냉정한 눈으로 바라보도록 강요당한다.

상품 판매고를 끊임없이 높이려는 욕구가 부르주아지를 전 세계로 내몬다. 그들은 세계 곳곳에 둥지를 틀고 본거지를 넓히고 연결망을 구축하고, 세계 시장의 수탈을 통해 모든 나라의 생산과 소비를 범세계적으로 조직한다. 또한 반동 세력에게는 무척 비통한 일이겠지만 한 나라에 국한되어 있던 산업적 토대까지 허물어뜨린다. 그래서 오랜 옛날부터 지켜 온 민족적 산업은 파괴되었고, 지금도 날마다 파괴되고 있다. 이 산업은 새로운 산업, 즉 자국의 원료가 아닌 아주 먼 나라에서 들여온 원료를 가공하고, 그렇게 가공된 제품을 자국뿐 아니라 전 세계에서 동시에 소비하는 산업에 밀려나고 있다. 이 새로운 산업의 도입은 모든 문명국가들에 사활이 걸린 문제가 되고 있다. 자국 에서 생산한 제품만으로 충족되던 과거의 수요 대신 새로운 수요가 생겨나고, 이 수요들을 채우기 위해 먼 나라와 이국적인 기후에서 생산된 제품들이 들어온다. 한 지방이나 국가 내에서 이루어지던 완결적인 자급자족의 옛 문화는 사라지고 이제 국가 간의 전면적인 교류와 상호 의존 현상이 나타난다. 그것은 물질적 생산뿐 아니라 정신적 생산의 영역에서도 마찬가지다. 개별 국가의 정신적 산물은 공동 재산이 되고, 국가적 한계와 배타성은 점점 불가능해지며, 한 국가나 한 지방에서 생산된 많은 문학 작품이 세계 문학으로 바뀌어 간다.

부르주아지는 모든 생산 수단의 급속한 개선과 한없이 편리해진 교통수단을 통해 가장 야만적인 나라까지 포함해 모든 국가를 문명으로 끌어들인다. 그들 상품의 저렴한 가격은 중국의 거대한 장벽을 무너뜨리고 야만인들의 끈질긴 외국인 혐오증까지 항복시키는 강력한 대포다. 부르주아지는 모든 국가들에 파멸하고 싶지 않으면 부르주아적 생산 방식을 받아들일 것을 강요하고, 이른바 〈문명〉이라는 것을 도입해서 스스로 부르주아가 되라고 윽박지른다. 한마디로 부르주아지는 자신의 생각에 따라 세계를 창조해 나가고 있다.

부르주아지는 농촌을 도시에 종속시켰다. 그들은 엄청나게 큰 도시를 만들었고, 농촌에 비해 도시 인구를 크게 늘렸으며, 그로써 인구의 상당 부분을 농촌 생활의 백치 상태에서 구해 냈다. 부르주아지는 농촌을 도시에

종속시킨 것과 마찬가지로 미개국과 반#미개국은 문명국에, 농업에 종사하는 인민은 부르주아 인민에, 동양은 서양에 종속시켰다.

부르주아지는 생산 수단과 자본, 인구의 분산을 지양한다. 대신 인구를 밀집시키고, 생산 수단을 한곳으로 모으고, 재산을 몇 사람에게 집중시켰다. 그 필연적 결과가 정치의 중앙 집권화였다. 서로 다른 이해관계와 법, 행정 기관, 세관을 유지하면서 거의 연합의 형태로만 묶여 있던 독립적인 지방들이 이제 하나의 국가, 하나의 정부, 하나의 법, 하나의 국가적 계급 이해관계, 하나의 관세 구역으로 집약되었다.

부르주아지는 계급으로서 권력을 잡은 지 1백 년도 채 안 되는 시간에 과거의 전 세대가 이루어 낸 것보다 더 웅장하고 더 높은 생산력을 창출해 냈다. 자연력의 통제, 기계 장비, 공업과 농업에 대한 화학의 응용, 증기선, 철도, 전신, 세계 각 지역의 개간, 하천의 운하 건설, 땅에서 솟은 듯한 엄청난 인구, 과거 어느 시대가 이처럼 어마어마한 생산력이 사회적 노동의 자궁 속에 잠들어 있었다는 사실을 예감했을까!

살펴본 바와 같이, 부르주아지의 성장에 밑거름이 된 생산 수단과 교환 수단은 봉건 사회에 이미 생성되어

있었다. 그런데 이 생산 수단과 교환 수단이 특정한 발전
단계에 이르자 지금껏 봉건 사회가 생산하고 교환하던
관계들, 농업과 매뉴팩처의 봉건적 조직, 한마디로 봉건
사회의 전반적인 소유관계는 그사이 발전한 생산력에
더는 어울리지 않게 되었다. 아니, 그것은 오히려 생산을
촉진하기는커녕 방해했으며, 그만큼 생산에 족쇄가 되는
요소로 바뀌었다. 그렇기에 봉건적 소유관계는 분쇄되어야
했고 실제로 분쇄되었다.

이렇게 분쇄된 봉건적 소유관계 대신에 등장한 것이
알맞은 정치 사회 제도와 부르주아 계급의 정치 경제적
패권으로 뒷받침된 자유 경쟁이었다.

우리 눈앞에서 비슷한 움직임이 일어나고 있다. 부르
주아적 생산관계와 교환관계, 부르주아적 소유관계
그리고 그토록 강력한 생산 수단과 교환 수단을 마술처럼
만들어 낸 근대 부르주아 사회는 자신이 불러낸 지하의
힘들을 더는 통제할 수 없는 마법사와 비슷하다. 수십 년
전부터 상공업의 역사는 부르주아와 부르주아 지배권의
생존 조건인 근대적 생산관계 및 근대적 소유관계에 대해,
근대적 생산력이 일으킨 반란의 역사에 지나지 않는다.
이에 대해서는 주기적으로 되풀이되면서 전체 부르주아
사회의 존립을 위협하는 상업 공황을 언급하는 것만으로

충분할 것이다. 상업 공황이 오면 생산된 물건뿐 아니라 이미 창출된 생산력의 상당 부분도 규칙적으로 파괴된다. 그래서 이 위기에는 사회적 전염병, 즉 과거 시대에는 말도 안 되는 일로 비쳤을 〈과잉 생산〉이라는 사회적 전염병이 퍼진다. 갑자기 사회는 일시적 야만 상태로 퇴보하고, 기근을 비롯해 사회 전반적인 파괴 양상이 모든 생필품을 차단하고, 상공업은 완전히 무너지는 것처럼 보인다. 이유는 무엇일까? 문명의 과잉, 생필품의 과잉, 상공업의 과잉 탓이다. 사회적 생산력은 이제 부르주아적 소유관계의 발전에 복무하지 않는다. 오히려 생산력은 이 소유관계에 비해 너무 비대해져서 이 관계에 의해 저지당한다. 생산력이 이 방해를 뛰어넘자마자 전체 부르주아 사회는 큰 혼란에 빠지고, 부르주아적 소유의 존립마저 위태로워진다. 부르주아적 관계들은 스스로 창출한 부를 다 포용할 수 없을 정도로 너무 협소했던 것이다. 그렇다면 부르주아지는 이 위기를 어떻게 극복할까? 한편으로는 비대해진 생산력의 일부를 강제로 파괴하고, 다른 한편으로는 새로운 시장을 개척함과 동시에 옛 시장을 더욱 철저히 착취하는 방식을 통해 극복하려고 한다. 그 이후는 어떻게 될까? 더 전면적이고 더 강력한 공황이 찾아오고, 공황에 대비할 수단도 많이

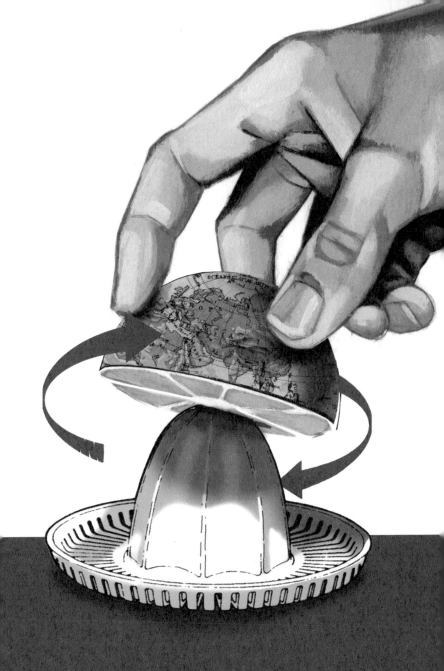

남아 있지 않게 된다.

부르주아지가 봉건 제도를 무너뜨릴 때 사용한 무기가
이제 부르주아 자신을 향한다.

그런데 부르주아지는 자신을 죽음으로 내몰 무기만 만든
것이 아니라 이 무기를 들게 될 사람들까지 만들어 냈다.
〈프롤레타리아〉라는 근대 노동자들이 그 주인공이다.
부르주아지, 즉 자본이 발전하는 정도에 따라
프롤레타리아트, 즉 근대 노동자 계급도 발전한다.
프롤레타리아트는 일자리가 주어질 때에만 생존할 수
있고, 자신의 노동이 자본을 불려 줄 때만 일자리를
얻을 수 있다. 자신을 조각조각 나누어 팔아야 하는
이 노동자들은 다른 모든 판매품과 마찬가지로
하나의 상품이며, 그래서 경쟁의 성패와 시장의 변동에
내맡겨진다.

프롤레타리아의 노동은 기계의 사용 확대와 분업으로
독자적인 성격을 모두 잃었고, 그로써 노동자 자신에게도
노동의 매력이 사라졌다. 노동자는 지극히 단순하고
단조롭고 배우기 쉬운 손동작만 요구하는, 기계의 단순한
부품으로 전락했다. 따라서 노동자에게 지출되는 비용은
노동자 자신의 생계와 자손 번식에 필요한 생필품을 살
수 있는 금액 정도로 그친다. 노동의 가격도 그렇지만

한 상품의 가격은 그 생산비와 같고, 그래서 노동이
혐오스러울수록 임금은 줄어든다. 또한 여기서 그치지
않고, 기계의 사용과 분업이 증가할수록 노동의 양도 점점
증가한다. 노동 시간의 증가를 통해서건, 정해진 시간 안에
해야 할 노동량의 증대를 통해서건, 아니면 기계의 빨라진
운전 속도 때문이건.

근대 공업은 가부장적인 길드 장인이 지배하던 작은
작업장을 산업 자본가의 대공장으로 바꾸어 놓았다.
공장에 집결한 노동자 대중은 군대식으로 편성되고,
산업군의 일개 병사로서 엄격한 위계질서에 따라
장교와 하사관들의 감독을 받는다. 이들은 부르주아
계급과 부르주아 국가의 노예일 뿐 아니라 매일 매시간
기계와 감독관의 노예이자, 특히 공장을 운영하는
개별 부르주아의 종이다. 이런 전제적 시스템은 영리가
그들의 목적이라는 사실이 노골적으로 밝혀질수록 더욱
비열해지고 추악해지고 잔인해진다.

손노동에 기술과 힘이 점점 필요 없어질수록, 즉 근대
공업이 발달할수록 남성 노동은 여성 노동에 점점
밀려난다. 성과 나이의 차이는 노동자 계급에 더는 사회적
의미가 없다. 오직 성과 나이에 따라 드는 비용이 달라지는
노동 도구만 존재할 뿐이다.

현금으로 임금을 받는 것으로 노동자에
대한 공장주의 착취가 일단락되면
이번에는 부르주아지의 다른 무리들, 예를
들어 집주인과 소매상, 전당포 주인 등이
득달같이 달려들어 손을 내민다.

기존의 소·중산층, 소상공인, 연금 생활자,
수공업자, 농민, 이 모든 계급은 차츰
프롤레타리아트로 전락한다. 한편으로는
그들의 소자본이 대공업을 경영하기에
충분치 않아 더 큰 자본가와의 경쟁에서
패배하기 때문이고, 다른 한편으로는
그들의 기술도 새로운 생산 방식에 의해
폐기 처분될 것이기 때문이다. 이렇게 해서
프롤레타리아트는 인구의 모든 계급에서
충원된다.

프롤레타리아트는 여러 발전 단계를
거친다. 부르주아지에 대한 프롤레타
리아트의 투쟁은 그들의 존재와 함께
시작된다.

처음에는 개별 노동자가, 다음에는 한
공장의 노동자들이, 그다음에는 한 지역

31

한 노동 부문의 전 노동자가 자신들을 직접 착취해 온
개별 부르주아를 상대로 싸운다. 노동자들은 부르주아적
생산관계를 공격할 뿐 아니라 생산 수단 자체도 공격한다.
또한 외국의 경쟁 상품을 파괴하고 기계를 부수고 공장을
불태우고, 몰락한 중세 노동자의 지위를 되찾으려 한다.
이 단계의 노동자들은 전국에 흩어져 있고 경쟁으로
산산조각 난 무리에 지나지 않는다. 노동자의 대중적
결속은 아직 그들 스스로 단결한 결과가 아니라
부르주아지 단결의 결과이다. 다시 말해 부르주아지는
자신의 정치적 목적을 위해 전 프롤레타리아트를 동원해야
했고, 또 당분간은 그것이 가능했다. 따라서 이 단계의
프롤레타리아는 자기 적과 싸우는 것이 아니라 자기
적의 적, 즉 절대 왕정의 잔재들, 지주, 비非산업 부르주아,
프티부르주아와 싸운다. 그래서 이 역사적 운동 전반은
부르주아지의 손에 집중되고, 그렇게 얻어진 승리는 모두
부르주아지의 것이 된다.

그런데 산업 발전과 함께 프롤레타리아트는 숫자만
불어나는 것이 아니다. 그들은 더 거대한 덩어리로
뭉치고, 힘이 커졌으며, 점차 그 힘을 스스로 느껴 나간다.
기계가 노동 사이의 차이를 점점 없애고 임금을 어디서나
거의 똑같은 수준으로 하락시킴으로써 프롤레타리아

계급 내의 이해관계와 삶의 상황은 점점 비슷해진다.
게다가 부르주아들 사이의 격화된 경쟁과 거기서
발생한 상업 공황으로 노동자의 임금은 더욱 요동치고,
점점 빠른 속도로 개선되는 기계의 끊임없는 발전으로
프롤레타리아트의 삶은 더욱 불안해진다. 개별 노동자와
개별 부르주아 사이의 충돌은 점점 계급적 충돌의
성격으로 바뀌어 간다. 노동자는 부르주아에 대항하는
연합체를 결성하기 시작하고, 공동으로 임금 투쟁에
나선다. 또한 봉기가 일어나면 언제든 보급품을 대기
위해 상설 조직까지 세운다. 지역에 따라 이 투쟁은
폭동으로 바뀐다.

노동자들은 이따금 승리를 거두지만 그 승리는
일시적일 뿐이다. 투쟁의 참된 성과는 직접적인 전과에
있는 것이 아니라 노동자들의 단결이 점점 확산되는
데 있다. 대공업으로 점점 발전해 가는 교통과 통신
수단이 노동자들의 단결을 촉진하고 각지의 노동자들을
연결시킨다. 이러한 연결은 동일한 성격의 수많은 지역
투쟁이 하나의 전국적 투쟁, 즉 계급 투쟁으로 집중되기
위해서는 필수적이다. 모든 계급 투쟁은 정치 투쟁이다.
중세 시민들은 빈약한 도로망 때문에 단결하는 데 무려
수백 년이 걸렸지만 근대 프롤레타리아는 철도 덕분에

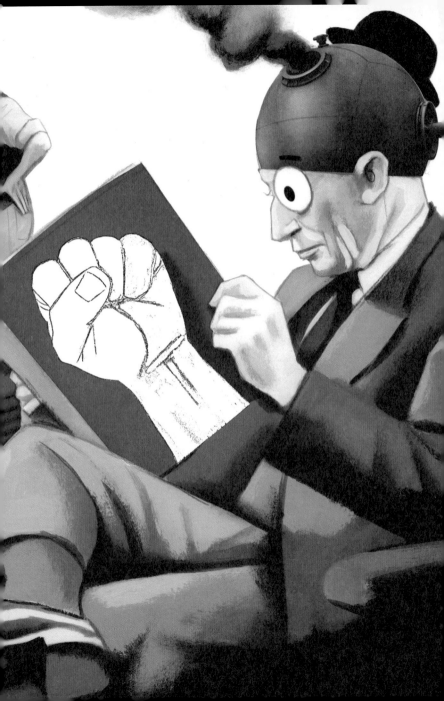

그런 단결을 불과 몇 년 만에 이루어 냈다.

이런 단결을 토대로 프롤레타리아는 계급으로, 정당으로 조직화되지만 이런 조직은 노동자 자신들의 경쟁 때문에 언제든 깨질 수 있다. 하지만 프롤레타리아 조직은 항상 새롭게 다시 만들어지고, 그때마다 더욱 강건하고 단단하고 강력해진다. 이 조직은 부르주아지 내부의 분열을 이용해 노동자 계급의 이익이 법제화되도록 압력을 가한다. 영국의 〈10시간 노동법〉이 한 예이다.

낡은 사회 내부의 충돌은 많은 점에서 프롤레타리아트의 발전을 촉진한다. 대표적으로 부르주아지는 끊임없는 투쟁 와중에 있다. 처음엔 귀족과 싸웠고, 나중에는 산업 발전과 관련해 이해관계가 대립하는 일부 부르주아와 싸웠다. 게다가 외국의 모든 부르주아지와는 늘 대립각을 세우고 있다. 이 모든 투쟁 과정에서 부르주아지는 어쩔 수 없이 프롤레타리아트에 공감을 호소하고, 도움을 청하고, 그들을 정치 운동으로 끌어들인다. 그러기 위해 지금껏 자신들만이 누려 온 교육적 요소들, 즉 결국엔 그들 자신에게로 향할 이 무기까지 프롤레타리아트에 내준다. 그뿐이 아니다. 이미 우리가 보았듯이, 기존의 지배 계급 대부분은 산업 발전을 통해 프롤레타리아트로 전락하거나 최소한 생활 조건을 위협받는다. 결국 이들 역시

프롤레타리아트에 계몽과 진보의 교육적 요소를 대량으로
제공한다.

계급 투쟁이 결전의 순간에 가까워지면 지금껏 지배
계급과 낡은 사회 내부에서 진행되던 해체 과정은
지배 계급 일부가 자기 계급에서 떨어져 나와 혁명적
계급, 즉 미래를 손아귀에 쥔 계급에 가담할 정도로
격동적이고 요란한 성격을 띠게 된다. 그래서 과거에
일부 귀족이 부르주아지에게로 넘어간 것처럼 지금은
일부 부르주아지, 특히 역사의 전체 운동 과정을 어렵사리
이론적으로 이해하게 된 부르주아 이데올로그 일부가
프롤레타리아트로 넘어간다.

오늘날 부르주아지와 대립하는 모든 계급 가운데
진정한 혁명 계급은 프롤레타리아트뿐이다. 나머지
계급은 대공업의 발달과 함께 타락하고 몰락하지만,
프롤레타리아트는 대공업 자체의 진정한 산물이다.
중산층, 소상공인, 수공업자, 농민, 이들 모두는 중간
계층으로서 자신의 생존을 파멸로부터 지키기 위해
부르주아지와 투쟁한다. 따라서 이들은 혁명적이지
않고 보수적이다. 아니, 심지어 반동적이기까지 하다.
역사의 수레바퀴를 거꾸로 돌리려고 하기 때문이다. 이런
이들을 두고 혁명적이라고 할 수 있는 것은 이들이 머잖아

프롤레타리아트로 넘어갈 것이라는 점을 고려하는 한에서,
이들이 현재의 이익이 아닌 미래의 이익을 지키는 한에서,
그리고 이들이 프롤레타리아트의 관점에 서기 위해 자신의
관점을 버리는 한에서 그러하다.

낡은 사회에서 최하층의 소극적인 부패 집단에 해당하는
룸펜프롤레타리아트는 곳에 따라 프롤레타리아 혁명에
함께 휩쓸려 들어가는 경우도 있지만, 자신이 처한 삶의
전반적인 상황 때문에 반동적 모략에 매수되는 경우가
훨씬 더 많다.

낡은 사회의 생활 조건은 프롤레타리아트의 생활 조건에
의해 사실상 폐기 처분되었다. 프롤레타리아는 자산이
없다. 처자식과의 관계도 부르주아적 가족관계와 더는
아무 공통점이 없다. 근대의 산업 노동 그리고 영국과
프랑스, 미국, 독일 할 것 없이 어느 나라에서나 볼 수
있는 자본으로의 예속이 프롤레타리아트에게서 국가적
성격을 빼앗아 갔다. 프롤레타리아에게 법과 도덕, 종교는
많은 부르주아적 이해관계를 숨기고 있는, 그만큼 많은
부르주아적 편견에 지나지 않는다.

지배권을 획득한 과거의 모든 지배 계급은 사회 전체를
자신들의 영리 조건에 종속시킴으로써 이미 확보한 사회적
지위를 공고히 하고자 했다. 프롤레타리아는 지금껏 지켜

온 자신의 점유 방식을 버리는 것과 함께 기존의 사회적 점유 방식까지 모두 철폐할 때 비로소 사회적 생산력을 장악할 수 있다. 프롤레타리아는 지켜야 할 것이 없기에 지금껏 사유 재산을 보호하고 보장해 온 것들을 모두 박살 내야 한다.

지금까지의 모든 운동은 소수의 운동이었거나 소수의 이익을 위한 운동이었다. 그러나 프롤레타리아 운동은 압도적 다수의 이익을 위한 압도적 다수의 자주적 운동이다. 현 사회의 최하층인 프롤레타리아트는 공적인 사회를 이루는 겹겹의 상부 구조를 박살 내지 않고는 일어설 수도 허리를 펼 수도 없다.

내용적으로는 아니더라도 형식적으로는 일단 부르주아지를 향한 프롤레타리아트의 투쟁은 한 나라 안에서 벌어지는 민족적 투쟁이다. 각국 프롤레타리아트는 당연히 자국의 부르주아들부터 먼저 쓸어 버려야 하기 때문이다.

우리는 가장 일반적인 프롤레타리아트 발전 단계들을 기술함으로써 기존 사회 내에서 어느 정도 은밀하게 숨겨져 있던 내전이 공공연한 혁명으로 분출되고, 프롤레타리아트가 부르주아지를 폭력으로 타도하여 지배권을 확립하는 과정까지 추적해 보았다.

이미 살펴본 바와 같이 기존의 모든 사회는 억압 계급과 피억압 계급의 적대 관계에 뿌리를 두고 있다. 그런데 한 계급을 억압할 수 있으려면 지배 계급은 피억압 계급에 최소한의 노예적 생존 조건을 보장해야 한다. 이런 조건을 토대로 농노는 농노제하에서 어렵사리 코뮌의 일원으로 올라섰고, 프티부르주아는 봉건적 절대 왕정의 굴레하에서 부르주아로 올라섰다. 반면에 근대 노동자는 산업의 진보와 함께 생활 수준이 나아지는 것이 아니라 오히려 계급적 생존 조건 이하로 점점 더 떨어지고 있다. 노동자는 빈민이 되고, 사회적 빈곤은 인구나 부의 증가보다 더 빠른 속도로 확산된다. 여기서 분명히 드러난다. 부르주아지는 더 이상 사회의 지배 계급으로 남을 능력이 없고, 자기 계급의 생활 조건을 규제적 법률로서 사회에 강요할 수 없다는 사실이. 그들은 지배 능력을 상실했다. 피억압 계급에 노예적 생활 수준조차 보장해 줄 능력이 없기 때문이고, 또 노예에게 부양을 받기는커녕 오히려 그들 자신이 노예를 부양해야 할 만큼 피억압 계급을 비참한 상태로 몰아넣었기 때문이다. 사회는 이제 부르주아지 밑에서 살아갈 수 없다. 다시 말해 부르주아지의 삶은 더는 사회와 양립할 수 없다.

부르주아 계급의 존립과 지배의 본질적 조건은 부의

개인적 축적과 자본의 형성 및 증가에 있다. 자본의 조건은 임금 노동이고, 임금 노동은 오직 노동자 상호 간의 경쟁을 기반으로 유지된다. 부르주아지가 좋든 싫든 담당할 수밖에 없는 산업의 진보는 경쟁을 통해 노동자들을 고립시키는 것이 아니라 오히려 연합을 통해 노동자들을 단결시킨다. 이로써 대공업의 발전과 함께 부르주아지에 생산과 생산품의 점유를 가능케 했던 토대 자체가 허물어진다. 결국 부르주아지는 자신의 무덤을 팔 계급을 스스로 만들어 낸 것이다. 부르주아지의 파멸과 프롤레타리아트의 승리는 피할 수 없는 길이다.

43

II
프롤레타리아와 공산주의자

무릇 공산주의자는 프롤레타리아와 어떤
관계인가?
공산주의자는 다른 노동자 정당과 대립하는 특별한
정파가 아니다.

그들은 프롤레타리아트 전체의 이해관계와 구분되는
이해관계를 갖고 있지 않다.
그들은 특별한 원칙을 정립해 놓고 그에 따라
프롤레타리아 운동을 뜯어고치려 하지 않는다.
공산주의자들이 다른 노동자 정당들과 다르다고 한다면,
그것은 한편으론 그들이 여러 나라에서 진행되는
프롤레타리아 투쟁에서 국적에 상관없이 프롤레타리아트
전체의 공통 이익을 앞세우고, 다른 한편으론
프롤레타리아트와 부르주아지 사이의 투쟁이 거쳐 가는
여러 발전 단계에서 항상 전체 운동의 이익을 대변한다는
점에서 그렇다.

따라서 공산주의자들은 실천적인 면에서 만국 노동자 정당 가운데 가장 단호하고 추진력이 강한 세력일 뿐 아니라 이론적인 면에서도 프롤레타리아 운동의 조건과 과정, 전반적 결과를 나머지 프롤레타리아트 대중보다 한발 앞서 꿰뚫어 보는 통찰력이 있다.

공산주의자들의 당면 목적은 나머지 모든 프롤레타리아 정당들의 당면 목적과 같다. 즉 프롤레타리아트를 계급으로 형성시키고, 부르주아지 지배를 무너뜨리고, 프롤레타리아트의 힘으로 정치권력을 장악하는 것이다.

공산주의자들의 이론적 명제들은 결코 이런저런 세계 개혁가가 고안하거나 발견한 이념이나 원칙에 바탕을 두고 있지 않다.

이 명제들은 현존하는 계급 투쟁의 실질적 관계들과 우리 눈앞에서 진행되는 역사적 운동을 일반적으로 표현한 것뿐이다. 기존의 소유관계를 철폐하는 것이 공산주의의 본령은 아니다.

모든 소유관계는 끊임없는 역사적 변동과 끊임없는 역사적 변화에 종속되어 왔다.

예를 들어 프랑스 혁명은 부르주아적 소유를 위해 봉건적 소유를 폐지했다.

공산주의의 특징은 소유제도 일반을 폐지하는 것이

아니라 부르주아적 소유를 폐지하는 것이다.

근대 부르주아의 사적 소유는 계급 대립 및 소수에 의한 다수의 착취에 뿌리를 둔 재화의 생산과 점유를 가장 완벽하고 궁극적으로 표현한 것이다.

그런 의미에서 공산주의자들은 자신의 이론을 〈사적 소유의 철폐〉라는 단 한마디 말로 요약할 수 있다.

우리 공산주의자들은 개인이 직접 일해서 취득한 재산, 즉 모든 개인적인 자유와 활동, 자립의 토대를 이루는 재산을 없애려 한다는 비난을 받아 왔다.

스스로 힘들게 일해서 번 정당한 재산이라는 게 무엇인가? 부르주아적 소유에 앞서 존재했던 소시민과 소농민의 재산을 말하는가? 그런 소유는 우리가 폐지할 필요가 없다. 그것은 산업의 발전으로 이미 폐지되어 왔고, 또 매일매일 폐지되고 있으니까.

아니면 당신들은 근대 부르주아의 사적 소유를 말하는가? 임금 노동, 즉 프롤레타리아 노동이 노동자 자신에게 재산을 가져다주는가? 결코 그렇지 않다. 프롤레타리아 노동이 만들어 내는 것은 자본이다. 즉 임금 노동을 착취한 재산이자, 임금 노동을 새로 착취하기 위해 새로운 임금 노동을 만들어 내는 조건하에서만 불어나는 재산이다. 오늘날과 같은 형태의 재산은 자본과 임금 노동 사이의 대립에 기초하고 있다. 대립하는 쌍방에 대해 살펴보자.

자본가라 함은 단순히 개인적 지위를 넘어 생산 과정 속에서 사회적 지위를 차지하고 있음을 의미한다.

자본은 공동체적 산물로서 많은 구원성들의 공동 활동을 통해서만, 궁극적으로는 사회 구성원 모두의 공동 활동을 통해서만 움직여야 한다.

결국 자본은 개인적 힘이 아니라 사회적 힘이다.

그래서 만일 자본이 사회 구성원 모두의 공동 소유로 바뀐다면 그것은 개인적 소유가 사회적 소유로 바뀌는 것이 아니라 소유의 사회적 성격이 변하는 것일 뿐이다. 즉 소유에서 계급적 성격이 사라지는 것이다.

이제 임금 노동으로 넘어가 보자.

임금 노동의 평균치는 최저 임금이다. 즉 노동자가 노동자로 살아가는 데 필요한 생필품 가격의 총액이라는 말이다. 결국 임금 노동자가 노동으로 얻는 것은 고작 자신의 벌거벗은 삶을 다시 만들어 내는 데 그친다. 우리는 인간 삶의 유지와 재생산에 직접적으로 필요한 이러한 노동 생산물의 개인적 점유, 즉 타인의 노동을 지배할 만큼의 순익을 남기지 않는 이러한 점유를 폐지하자는 것이 결코 아니다. 단지 우리는 노동자가 자본의 증식을 위해서만 살아가고, 지배 계급의 이해관계가 요구하는

대로만 살아갈 수밖에 없는 소유의 이러한 비참한 성격을 철폐하자는 것이다.

부르주아 사회에서 살아 있는 노동은 그저 축적된 노동을 늘리는 수단일 뿐이지만, 공산주의 사회에서 축적된 노동은 노동자의 삶을 확대하고 풍요롭게 하고 북돋우는 수단이다.

그래서 부르주아 사회에서는 과거가 현재를 지배하지만 공산주의 사회에서는 현재가 과거를 지배한다. 또한 부르주아 사회에서는 자본이 자립적이고 개성적인 데 반해 일하는 개인은 비자립적이고 몰개성적이다.

이러한 상황의 폐지를 부르주아지는 개성과 자유의 폐지라고 부른다. 타당한 말이다. 관건은 부르주아적 개성과 부르주아적 자립성, 부르주아적 자유를 없애는 것이다.

작금의 부르주아적 생산관계 안에서 자유란 자유로운 상업, 즉 자유롭게 사고파는 것을 의미한다.

상행위가 없어지면 자유로운 상행위도 없어진다. 〈자유로운 상행위〉라는 관용구는 자유에 관한 부르주아지의 다른 모든 미사여구와 마찬가지로 구속된 상행위나 중세의 예속된 상인들에게나 의미가 있을 뿐, 공산주의자가 주장하는 상행위의 폐지나

부르주아적 생산관계와 부르주아지 자체의 폐지에는
아무 의미가 없다.

당신들은 우리가 사적 소유를 폐지하고자 하는 것에
경악한다. 그러나 현재 당신들의 사회에서 구성원의
90퍼센트는 이미 사적 소유가 폐지되어 있다. 나머지
10퍼센트만 사적 재산을 갖고 있다. 90퍼센트를 착취했기
때문이다. 결국 우리는 사회 구성원 절대 다수의 무자산
상태를 필수 조건으로 하는 소유관계를 폐지하려 할
뿐이고, 당신들은 그런 우리를 비난하고 있는 셈이다.
한마디로 당신들은 우리가 당신들의 소유를 폐지하려
한다고 비난한다. 그렇다. 우리는 실제로 그렇게
하려고 한다.

당신들은 노동이 더는 자본과 돈, 지대地代, 간단히 말해
독점 가능한 사회적 힘으로 바뀔 수 없는 순간부터, 즉
개인 재산이 더는 부르주아적 재산으로 전환될 수 없는
순간부터 인격이 말살된다고 말한다.

그렇다면 당신들은 부르주아, 즉 부르주아 자산가 말고는
다른 누구도 인격으로 인정하지 않고 있음을 자인하는
셈이다. 그런 인격이라면 마땅히 말살되어야 한다.

공산주의는 누구에게도 사회적 생산물을 점유할 힘을
빼앗지 않는다. 다만 그런 점유를 이용해서 타인의 노동을

자신에게 예속시키는 힘을 빼앗을 뿐이다.

그전부터 사람들은 사적 소유를 폐지하면 모든 활동이 멈추면서 총체적인 태만이 만연할 거라고 반박해 왔다. 그 말이 사실이라면 부르주아 사회는 이미 오래전에 태만으로 멸망했어야 했을 것이다. 부르주아 사회에서는 노동하는 사람은 돈을 벌지 못하고, 돈을 버는 사람은 노동하지 않기 때문이다. 결국 모든 우려는 자본이 없어지면 임금 노동도 없어진다는 동어 반복으로 귀결된다.

물질적 재화에 대한 공산주의적 점유와 생산 양식에 쏟아지는 온갖 이의 제기는 정신적 재화에 대한 점유와 생산 양식으로 확대된다. 부르주아에게 계급적 소유의 포기는 생산 자체의 포기이듯 계급적 교육의 폐지 역시 교육 일반의 폐지와 동일시된다.

부르주아지가 그 상실을 무척 아쉬워하는 교육이라는 것도 절대 다수에게는 인간을 기계로 키우는 것에 지나지 않는다.

당신들이 자유니 교육이니 법이니 하는 부르주아적 관념을 잣대로 부르주아적 소유의 폐지를 평가하려거든 더는 우리와 논쟁할 생각을 하지 말라. 당신들의 이념 자체가 부르주아적 생산관계와 소유관계의 산물이니까.

당신들의 〈법 원리〉라는 것이 당신들 계급을 법으로
끌어올리고 당신들 계급의 물질적 조건에 따라 그 내용이
결정되는 의지에 지나지 않는 것처럼.

생산의 역사에서 일시적 과정에 지나지 않는 당신들의
생산관계와 소유관계를 자연과 이성의 영원한 법칙으로
바꾸어 놓은 당신들의 흥미로운 상상력은 과거의 멸망한
모든 지배 계급들에서도 익히 보던 것이었다. 당신들은
고대적 소유나 봉건적 소유의 경우에서는 분명히 간파하고
있던 것들을 당신들 자신의 부르주아적 소유에서는 짐짓
모른 척 딴청을 부리고 있다.

가족의 폐지! 공산주의자들의 이 대담한 제안에 대해서는
급진주의자들조차 파렴치하다며 격분한다.

하지만 현재의 부르주아적 가족은 무엇에 뿌리를 두고
있는가? 자본과 사적 영리 아닌가? 완벽하게 발전한
형태의 가족은 부르주아를 위해 존재할 뿐이다. 거기에
공창 제도가 보충되고, 프롤레타리아는 어쩔 수 없이
가족이 해체된다.

부르주아의 가족은 공창이 사라지면 자연히 소멸된다.
또한 이 둘은 자본이 사라지면 동시에 소멸된다.

당신들은 우리가 부모에 의한 아동 착취를 막으려 한다고
비난하는가? 그것도 죄라면 그 죄를 인정하겠다. 또한

당신들은 우리가 가정교육을 사회 교육으로 대체함으로써
인간 간의 가장 친밀한 관계를 파괴한다고 주장한다.
그럼 당신들의 교육은 사회적이 아니라는 말인가? 당신들
의 교육은 사회적 환경에 영향받지 않고, 학교를 통한
개입처럼 사회로부터 직간접적인 간섭을 받지 않는다는
말인가? 교육에 대한 사회적 개입을 고안한 것은
공산주의자들이 아니다. 다만 그들은 사회적 개입의
성격을 바꾸고, 지배 계급의 영향으로부터 교육을 떼어
놓을 뿐이다.

가족이니 교육이니 부모 자식 간의 친밀한 관계니 하는
부르주아들의 입 발린 말들은 프롤레타리아트의 모든
가족적 유대가 대공업의 여파로 갈가리 찢겨져 나갈수록,
아이들이 단순한 상품이나 노동 도구로 전락할수록 점점
혐오감만 불러일으킨다.

그런데 당신들 부르주아는 공산주의자들이 〈부인
공유제〉를 도입하려 한다고 한목소리로 비난의 함성을
질러 댄다.

부르주아는 집안 여자를 단순한 생산 도구로밖에
생각하지 않는다. 그러다 보니 생산 도구를 사회적으로
공유해야 한다는 공산주의자들의 말을 들으면서
당연히 아내들도 똑같은 공유의 운명에 빠지게 될

거라고 생각한다.

부르주아들은 단순한 생산 도구에 지나지 않는 여성의
지위를 타파하는 것이 이 문제의 핵심이라는 사실을
모르고 있다.

게다가 부르주아지가 공산주의자들의 소위 〈부인
공유제〉를 두고 도덕군자인 양 그토록 격앙하는 것은
실로 가소로운 일이 아닐 수 없다. 사실 공산주의자들은
부인 공유제를 도입할 필요가 없다. 그것은 거의 언제나
존재해 왔으니까.

공식적인 매춘을 즐긴 것은 말할 것도 없고 프롤레타
리아의 아내와 딸들까지 농락해 온 부르주아들은 그에
만족하지 못하고 서로의 아내를 유혹하는 것에서 크나큰
즐거움을 찾지 않았던가!

부르주아적 결혼은 사실 부인 공유제이다. 그렇다면
우리 공산주의자들은 기껏해야 위선적으로 숨겨진 부인
공유제를 공식적으로 용인된 부인 공유제로 대체하려
한다는 비난만 받아야 할 뿐이다. 게다가 현재의
생산관계가 소멸하면 그 생산관계에서 비롯된 부인
공유제, 즉 공식적 비공식적 매춘이 소멸되는 것은
당연해 보인다.

다음으로 공산주의자들은 조국과 국적을 없애려 한다는

비난을 받는다.

노동자에겐 조국이 없다. 그들이 갖고 있지도 않은 것을
빼앗을 수는 없다. 다만 프롤레타리아트는 맨 먼저
정치권력을 쟁취해서 자국의 주도 계급으로 올라선 뒤
스스로를 국가로 정립해야 하기에 비록 부르주아지의
의미에서는 아니더라도 그때까지는 아직 〈국가〉라는
틀 안에 머물러 있다고 할 수 있다.

민족들이 국가로 분리되어 대립하는 현상은 부르주아지의
발전, 상업의 자유, 세계 시장, 산업 생산과 그에 따른 생활
환경의 일률성과 함께 점점 사라지고 있다.

프롤레타리아트 지배는 국가 간의 분리와 대립을 더욱
사라지게 할 것이다. 단합된 행동, 최소한 문명국가들
사이의 단합된 행동은 프롤레타리아트 해방을 위한 선결
조건들 가운데 하나이다.

한 개인에 의한 다른 개인의 착취가 타파되는 만큼
한 국가에 의한 다른 국가의 착취도 타파된다.

국가 내부에서 계급 대립이 사라지면 국가 상호 간의
적대성도 사라진다.

종교적 철학적 이데올로기적 관점에서 제기되는
공산주의에 대한 일반적 비판들은 상세하게 논구할
가치조차 없다.

인간의 관념과 견해, 신념, 한마디로 〈인간의 의식〉이라는 것이 그들이 처한 삶의 상황과 사회적 관계, 물질적 토대에 따라 바뀐다는 사실을 이해하는 데 특별히 깊은 통찰력이 필요할까?

이념의 역사는 정신적 생산이 물질적 생산과 함께 변형된다는 사실 말고 또 무엇을 증명하는가? 한 시대의 지배적 이념은 늘 지배 계급의 이념이었을 뿐이다. 사람들이 사회 전체에 혁명을 일으키는 이념들에 대해 말한다면 그것은 낡은 사회 안에 이미 새로운 사회의 기본 요소들이 형성되어 있고, 낡은 생활 조건의 해체에 발맞추어 낡은 이념들이 해체되고 있다는 사실을 말할 뿐이다.

고대 세계가 막 몰락하려고 할 때 고대 종교는 기독교에 정복당했다. 18세기 기독교 이념이 계몽사상에 무릎을 꿇었을 때 봉건 사회는 그때만 해도 혁명적이던 부르주아지와 사투를 벌였다. 결국 양심의 자유니 종교의 자유니 하는 이념들도 지식 영역에서 펼쳐진 자유 경쟁의 패권을 말할 뿐이다.

하지만 이렇게 말하는 사람도 있을 것이다. 〈종교적 도덕적 철학적 정치적 법률적 이념들은 역사 발전 과정 속에서 유행 따라 형태를 바꾸어 왔지만, 종교, 도덕,

철학, 정치, 법률 그 자체는 이 변화 속에서도 늘 꿋꿋이 유지되어 왔다.

게다가 자유와 정의처럼 모든 사회에 공통되는 영원한 진리도 있다. 공산주의는 이러한 영원한 진리를 부정하고, 도덕이나 종교를 새로 개조하는 대신 아예 타파해 버린다. 따라서 공산주의는 기존의 모든 역사 발전 과정과 모순된다.〉

이러한 비난은 결국 어디로 귀착되는가? 지금까지 모든 사회의 역사는 각 시대마다 다른 형태를 띠어 온 계급 대립 속에서 움직여 왔다.

그러나 계급 대립이 어떤 형태를 띠었건, 사회 일부에 의한 다른 일부의 착취는 과거 모든 시대에 공통되는 현상이다. 따라서 지난 모든 시대의 사회적 의식이 아무리 다양하고 다르더라도 모종의 공통된 형태 속에서 움직인다는 사실은 조금도 놀랍지 않고, 이런 공통의 의식 형태들은 계급 대립이 완전히 철폐되어야만 완벽하게 해체될 수 있다.

공산혁명은 과거로부터 내려오는 소유관계를 철저하게 깨부수는 것이다. 따라서 공산혁명이 자기 발전 과정에서 기존의 인습적 이념들을 격렬하게 타파하는 것은 결코 놀라운 일이 아니다.

공산주의에 대한 부르주아지의 반박은 이쯤해 두자.
우리는 앞서 노동자 혁명의 첫걸음이 프롤레타리아트를
지배 계급으로 끌어올리고 민주주의를 쟁취하는 것임을
살펴보았다.

프롤레타리아트는 획득한 정치권력을, 부르주아지에게서
자본을 서서히 빼앗고 모든 생산 도구를 국가, 즉 지배
계급으로 조직된 프롤레타리아트의 손안에 집중시켜
최대한 빨리 생산력을 높이는 데 이용할 것이다.

물론 이것은 처음엔 소유권과 부르주아적 생산관계에
대한 전제적 개입을 통해서만 가능하다. 다시 말해
경제적으로는 미흡하고 불안해 보이지만, 운동 과정
중에 스스로의 한계를 뛰어넘어 전체 생산 양식의 변혁을
위한 수단으로 불가피한 조치들을 통해서만 이루어질 수
있다는 것이다.

이 조치들은 당연히 나라별로 차이가 있다.

그럼에도 가장 발전한 나라들에는 다음의 조치들이 꽤
일반적으로 적용될 수 있을 것이다.

1. 사유 토지의 몰수와 지대의 공공 목적 사용
2. 고율의 소득 누진세
3. 상속권 폐지

4. 망명자와 반역자들의 재산 몰수

5. 국가 자본과 배타적 독점권을 갖춘 국립 은행에 의한
대출의 국가 집중

6. 운송 수단의 국가 집중

7. 국영 공장과 생산 도구의 확대, 공동 계획에 따른 토지
개간과 개량

8. 만인의 동등한 노동 의무. 산업 군대, 특히 농업을
위한 산업 군대 설립

9. 농업과 산업의 통합 운영. 도시 농촌 간의 점진적
격차 해소

10. 모든 아동의 무상 공공 교육, 오늘날과 같은 형태의
아동 공장 노동 폐지, 교육과 산업 생산의 결합 등등

발전 과정 중에 계급 차이가 없어지고 모든 생산이
연합한 개인들에게로 집중되면 공권력은 정치적
성격을 잃는다. 본래 정치권력이란 한 계급이 다른
계급을 억압하기 위한 조직적 폭력일 뿐이다. 만일
프롤레타리아트가 부르주아지와의 투쟁에서 필연적으로
하나의 계급으로 단결하고, 혁명을 통해 지배 계급으로
올라서고, 지배 계급으로서 낡은 생산관계를 힘으로
쓸어버리면 이 생산관계와 함께 계급 대립의 존립 조건과

계급 일반, 그리고 계급으로서 프롤레타리아 지배권까지 사라지게 된다.

그렇게 되면 계급과 계급 대립으로 얼룩진 낡은 부르주아 사회 대신 각 개인의 자유로운 발전이 만인의 자유로운 발전을 위한 조건이 되는 연합체가 나타난다.

사유 토지의 몰수와 지대의 공공 목적 사용

고율의 소득 누진세 사용

상속권 폐지

망명자와 반역자들의 재산 몰수

국가 자본과 배타적 독점권을 갖춘 국립은행에 의한 대출의 국가 집중

운송 수단의 국가 집중

국영 공장과 생산 도구의 확대, 공동 계획에 따른 토지 개간과 개량

만인의 동등한 노동 의무. 산업 군대, 특히 농업을 위한 산업 군대 설립

농업과 산업의 통합 운영. 도시 농촌 간의 점진적 격차 해소

든 아동의 무상 공공 교육. 오늘날과 같은 형태의 아동 공장 노동 폐지, 교육과 산업 생산의

Ⅲ
사회주의와 공산주의 문헌

1. 반동적 사회주의

1) 봉건적 사회주의

프랑스와 영국 귀족 계급은 역사적인 형편상 근대
부르주아 사회를 반대하는 팸플릿을 쓸 수밖에 없는
운명에 빠졌다. 1830년의 프랑스 7월 혁명과 영국의
선거법 개혁 운동 과정에서 이들 귀족 계급은 가증스런
부르주아 졸부들에게 또다시 패배를 당했다. 중대한 정치
투쟁에서는 두말할 필요조차 없었다. 이로써 귀족들에겐
글을 통한 투쟁밖에 남지 않았다. 그러나 문필 영역에서도
왕정복고 시대의 낡고 뻔한 이야기로는 사람들의 마음을
움직일 수 없었다. 결국 귀족 계급은 사람들의 공감을
얻기 위해 겉으로는 자신들의 이해관계에서 벗어나 오직
착취받는 노동자 계급의 이익을 바라는 듯한 태도로

부르주아지에 대한 고발장을 써야 했다. 이로써 그들은 새 시대의 지배자를 비방하는 노래를 부르고 그 지배자들의 귀에다 다소 섬뜩한 재앙을 담은 예언을 속삭이는 것으로 부르주아에게 복수했다.

이렇게 해서 탄생한 것이 봉건적 사회주의였다. 어떤 면에선 비가悲歌요, 비방문이요, 과거의 메아리요, 미래의 위협이었다. 이 사회주의는 간혹 신랄하고 예리하고 재치 넘치는 판단으로 부르주아지의 간담을 서늘하게 하기도 했으나, 근대사의 과정을 간파할 능력이 전무했기에 늘 우스꽝스럽게 비칠 수밖에 없었다.

봉건적 사회주의자들은 인민을 자기들 뒤에 모이게 하려고 프롤레타리아의 동냥자루를 깃발처럼 들고 흔들어 댔다. 그러나 이들을 따라나서자마자 이들의 등 뒤에 새겨진 낡은 봉건적 문장을 발견한 프롤레타리아들은 큰 소리로 비웃으며 흩어져 버렸다.

프랑스 정통 왕당파 일부와 청년 영국파[4]가 이 같은 코미디를 연출했다.

봉건 귀족들은 자신들의 착취 방식이 부르주아지와 달랐다고 역설하지만, 그것은 그들이 지금과 완전히 다르고 한물간 환경과 조건 속에서 착취했다는 사실을 망각한 것뿐이다. 또한 자신들의 지배권 아래서는 근대

프롤레타리아트가 존재하지 않았다고 강조하지만,
그 역시 근대 부르주아지가 그들의 사회 질서에서 생겨난
필연적 산물이라는 사실을 망각한 데서 비롯되었을
뿐이다.
게다가 그들은 부르주아지에 대한 자신들의 비판에
반동적 성격이 있음을 별로 숨기지 않는다. 그런 반동적
성격은 무엇보다 부르주아지를 향한 그들의 공격
이유에서 잘 드러난다. 즉 부르주아지 지배하에서는 낡은
사회 질서 전체를 폭발시킬 계급이 생겨날 수밖에 없다는
것이다.

부르주아에 대한 귀족 계급의 주된 비난은 부르주아가
일반 프롤레타리아트가 아닌 혁명적 프롤레타리아트를
만들어 낸다는 점에 초점이 맞추어져 있다.
따라서 그들은 정치 현실에선 노동자 계급에 대한 모든
폭압적 조처에 동참하고, 일상생활에선 허파에 잔뜩
바람이 들어간 평소의 말과는 달리 〈산업〉이라는 나무에서
떨어지는 황금 사과를 주워 모으고, 아무렇지도 않게
신의와 사랑, 명예를 양모와 사탕무, 술과 맞바꾼다.
성직자가 늘 봉건 귀족들과 손을 잡았던 것처럼 기독교적
사회주의도 봉건적 사회주의와 손을 잡는다.
기독교적 금욕주의에 사회주의적 색깔을 입히는 것만큼

쉬운 일은 없다. 기독교도 사적 소유와 결혼, 국가를 극구 반대했고, 대신 자선과 가난, 독신과 금욕, 수도원 생활과 교회를 설파하지 않았던가? 기독교적 사회주의는 성직자가 분노하는 귀족들에게 내리는 성수聖水일 뿐이다.

2) 프티부르주아적 사회주의

부르주아에게 타도되고, 근대 부르주아 사회에서 생활 조건의 황폐화와 함께 점점 소멸되어 가는 계급은 봉건 귀족만이 아니었다. 중세의 성외시민과 소농민은 근대 부르주아지의 선행자였다. 이 계급은 상공업의 발전이 뒤떨어진 나라에서는 여전히 신흥 부르주아지 곁에서 간신히 연명해 나가고 있다.

근대 문명이 발달한 나라들에서는 프롤레타리아트와 부르주아지 사이를 떠다니는 새로운 프티부르주아가 형성되었다. 그런데 부르주아 사회의 보완물로서 끊임없이 새로 생겨나는 이 계급의 구성원들은 경쟁으로 인해 꾸준히 프롤레타리아트로 전락한다. 심지어 이들은 대공업의 발달과 함께 자신들이 근대 사회의 독자적 세력으로서의 의미를 완전히 상실하고 상업과 매뉴팩처, 농업 분야에서 노동 감시인이나 하인으로 대체될 시기가 점점 가까워져 오고 있음을 안다.

프랑스처럼 농민 계급이 인구의 절반을 훌쩍 넘기는 나라에서는 프롤레타리아 편에서 부르주아지와 맞서 싸우는 문필가들이 프티부르주아와 소농민의 잣대로 부르주아 체제를 비판하고, 프티부르주아적 관점에서 노동자 정당을 편드는 것은 당연한 일이다. 이렇게 해서 프티부르주아적 사회주의가 생겨났다. 프랑스뿐 아니라 영국에서도 이와 관련한 문헌 가운데 으뜸은 시스몽디[5]의 저술이다.

프티부르주아적 사회주의는 근대적 생산관계의 모순을 고도의 예리함으로 분석해 냈고, 경제학자들이 일삼는 위선적인 미화를 폭로했다. 또한 기계와 분업의 파괴적 작용, 자본과 토지의 일방적 집중, 과잉 생산, 공황, 프티부르주아와 소농민의 필연적 몰락, 프롤레타리아트의 고통, 생산의 무정부 상태, 부의 분배에서 나타나는 극심한 불균형, 국가 간의 산업 전쟁 그리고 낡은 도덕과 낡은 가족 관계, 낡은 국적 중심주의의 해체를 지극히 명확하게 증명해 냈다.

그런데 이 사회주의는 궁극적 목표에 따르면 낡은 생산 수단과 교환 수단, 아울러 낡은 소유관계와 낡은 사회를 복원하려 하거나, 아니면 근대적 생산 수단과 교환 수단을

이것들에 의해 벌써 파괴되었고 파괴되었어야 할 낡은
소유관계의 틀 속에 또다시 억지로 밀어 넣으려고 한다.
둘 중 어떤 경우든 프티부르주아적 사회주의는
반동적이고 공상적일 수밖에 없다.
매뉴팩처 형태의 동업 조합과 농촌의 가부장적인 경제가
이 사회주의의 마지막 유언이었다.
이 노선은 이후의 발전 과정에서 참담한 낙담 상태에
빠지고 말았다.

3) 독일 사회주의 또는 〈진정한〉 사회주의

지배 계급인 부르주아지의 억압하에서 생겨나 그 지배에
대한 투쟁을 글로 표현한 프랑스 사회주의 문헌과
공산주의 문헌들은 독일 부르주아지가 막 봉건적 절대
왕정에 맞서 싸우기 시작할 무렵 독일에 들어왔다.
얼치기 철학자를 비롯해 독일 철학자와 문예가들은 이
문헌들을 게걸스레 섭취했다. 다만 이 저술들과 함께
프랑스의 사회 환경까지 함께 들어온 것이 아니라는
사실을 망각하고 있었다. 그러다 보니 독일적 환경에서
프랑스 문헌은 현실에 직접 적용할 수 있는 실천적 의미를
잃은 채 순수 이론서로서의 성격만 띨 수밖에 없었고,

인간 본질의 실현에 관한 한가한 사변으로 비쳤다. 그래서
18세기 독일 철학자들은 프랑스 대혁명의 요구가 〈실천
이성〉의 보편적 요구라는 사실 말고는 다른 의미를 찾지
못했다. 그들의 눈에는 혁명적인 프랑스 부르주아지의
의지 표출은 마땅히 그래야 할 모습으로서의 순수 의지,
즉 진정한 인간 의지의 법칙으로만 비쳤다.

여기서 독일 문필가들이 한 일이라고는 프랑스 신사상을
자신들의 낡은 철학적 체계와 조화를 이루게 하거나,
아니면 자신들의 철학적 관점에서 프랑스 사상을
섭취하는 것에 지나지 않았다.

이러한 섭취는 일반적으로 외국어를 습득할 때와 동일한
방식, 즉 번역을 통해 이루어졌다.

수도사들이 고대 이교도 시대의 일을 기록해 놓은
원고에다 밋밋한 가톨릭 성담의 제목을 붙인 것은 잘
알려진 사실이다. 독일 문필가들은 프랑스의 세속적
저술에다 정반대 일을 했다. 그러니까 프랑스 원전 뒤에다
자신들의 철학적 헛소리를 지껄여 댄 것이다. 예를 들어
〈돈의 경제적 기능에 대한 비판〉 뒤에는 〈인간 본질의
양도〉라는 글을 붙였고, 〈부르주아 국가에 대한 프랑스적
비판〉에는 〈추상적 보편의 지배권 철폐〉를 써넣었다.
이처럼 프랑스의 발전 과정을 저런 철학적 상투어로

해석한 것을 두고 독일인들 자신은 〈행동하는 철학〉이니 〈진정한 사회주의〉니 〈독일 사회주의 과학〉이니 〈사회주의의 철학적 논증〉이니 하고 부르며 자랑스러워했다.

이로써 프랑스 사회주의 및 공산주의 문헌은 완전히 껍데기만 남았다. 이 문헌들이 독일인의 수중에서 더는 계급 간의 투쟁을 표현하지 않게 되었을 때 독일인들은 자신들이 〈프랑스인들의 편파성〉을 극복했다고 믿었다. 다시 말해 현실에서 필요한 것 대신 진리를, 프롤레타리아의 이익 대신 인간 본질, 또는 인간 일반의 이익을 대변했다고 믿은 것이다. 그러나 여기서 그들이 말하는, 어떤 계급에도 속하지 않는 인간이란 현실에는 없고 오직 철학적 환상의 희뿌연 하늘 속에만 존재할 뿐이다.

초등학생 글짓기처럼 어설픈 작업을 그렇게 진지하고 대단하게 여기면서 시장통 장사치처럼 소리 높여 떠들어 대던 독일 사회주의는 시간이 갈수록 서서히 현학적 순수함을 잃어 갔다.

그사이 봉건 세력과 절대 왕정에 반기를 든 독일 부르주아지, 특히 프로이센 부르주아지의 투쟁으로 대변되는 자유주의 운동은 점점 격화되어 갔다.

이로써 〈진정한〉 사회주의에 기회가 주어졌다. 다시
말해 부르주아의 정치적 운동에 사회주의적 요구를
대립시키고, 자유주의와 대의제 국가, 부르주아적 경쟁,
부르주아적 출판의 자유, 부르주아적 법, 부르주아적
자유와 평등에 전통적인 저주를 퍼붓고, 인민 대중에게
이 부르주아 운동에선 얻을 것이 없고 오히려 모든 것을
잃을 위험만 있다고 설파할 절호의 기회가 주어진 것이다.
그런데 프랑스 문헌들의 비판을 앵무새처럼 따라하던
독일 사회주의가 잊고 있는 것이 있었다. 프랑스 문헌들의
비판이 근대 부르주아 사회를 비롯해 그에 상응하는
물질적 삶의 조건과 정치 제도를 전제로 하고 있다는
사실을 간과한 것이다. 독일에서는 이 전제 조건들이 이제
겨우 쟁취의 대상으로 떠오르고 있을 뿐이다.

독일 사회주의는 성직자, 교원, 지주 귀족, 관료들이
주축을 이루는 독일 전제 정부들의 입장에선
위협적으로 부상하고 있는 부르주아지를 쫓아낼 반가운
허수아비였다.
진정한 사회주의는 전제적 정부들이 독일 노동자 봉기를
진압할 때 사용하던 매서운 채찍과 총탄의 달콤한
보완물이었다.
진정한 사회주의는 독일 정부들의 수중에선 독일

부르주아지를 막는 무기 역할을 했다면 독일 성외
시민층의 이익을 대변했다는 점에서는 반동적 흐름에
직접 복무하기도 했다. 독일에서는 16세기 이후
다양한 형태로 줄곧 새롭게 등장해 온 성외 시민층, 즉
프티부르주아지가 바로 현존 사회 질서의 핵심 토대였다.
프티부르주아지의 유지는 독일 현존 질서의 유지와
다름없다. 프티부르주아지는 정치와 산업 영역에서
부르주아지의 지배권 장악과 함께 한편으론 자본
집중의 여파로, 다른 한편으론 혁명적 프롤레타리아트의
부상으로 자신들이 파멸에 이르게 되지 않을까 심히
염려한다. 이런 상황에서 프티부르주아지에게 진정한
사회주의는 일석이조처럼 비쳤고, 역병처럼 사방으로
퍼져 나갔다.

사변의 거미줄로 짜고, 화려한 언어의 꽃으로 수놓고,
거기다 가슴을 녹이는 감상적인 이슬까지 뿌린 상태에서
몇 가지 화석화된 〈영원한 진리〉를 감싸고 있는, 독일
사회주의의 이 격정적 외피는 관객들 사이에서 〈독일
사회주의〉라는 상품의 매출을 높이는 데 크게 기여했다.
독일 사회주의 측도 자신들의 소명이 성외 시민층을
열정적으로 대변하는 것이라는 사실을 차츰 깨달아 가고
있었다.

독일 사회주의는 독일을 표준 국가로, 속물적 독일 프티부르주아를 표준적 인간으로 선언하고, 이 표준적 인간의 비열한 면모 하나하나에 원래 그 뜻과는 반대되는, 은폐된 고상한 사회주의적 의미를 부여했다. 그러다 결국엔 〈난폭하고 파괴적인〉 공산주의 노선에 공공연히 반대 의사를 표명하고, 자신은 모든 계급 투쟁을 뛰어넘어 어느 쪽에도 치우치지 않은 공평무사함을 지킨다고 선언하기에 이르렀다. 현재 독일에서 사회주의 및 공산주의 문헌이라는 이름을 달고 나도는 것들 중에는 정말 소수의 예외만 제외하고 모두 이런 추잡하고 거슬리는 저작들뿐이다.

2. 보수적 또는 부르주아적 사회주의

일부 부르주아지는 부르주아 사회를 좀 더 확고하게 존속시키려고 사회적 병폐를 시정하고자 한다. 경제학자, 박애주의자, 인도주의자, 노동 계급의 처지를 개선하려는 자, 자선 사업가, 동물 학대 철폐 운동가, 금주禁酒 단체 조직가, 구석진 곳에서 숨어서 일하는 각양각색의 개혁가 들이 이 부류에 속한다. 이런 부르주아 사회주의는 완전한 체계를 갖추기도 한다.

그 한 예가 프루동의 『빈곤의 철학*Philosophie de la misère*』이다.
사회주의적 부르주아들은 근대적 삶의 조건은 그대로
유지하되 거기서 필연적으로 발생하는 투쟁과 위험은
없애려 한다. 그들이 원하는 것은 기존 사회 질서를
혁명하고 해체할 요소들이 제거된 사회이다. 다시 말해
프롤레타리아트가 없는 부르주아지를 원하는 것이다.
부르주아지는 자신이 지배권을 행사하는 세계를 당연히
최상의 세계로 생각한다. 부르주아 사회주의는 이러한
편리한 생각을 하나의 어설픈 혹은 완전한 체계로 가공해
낸다. 그러고는 프롤레타리아트에게 이 체계를 실현해서
새로운 성지로 입성할 것을 요구한다. 그러나 그것은
사실 프롤레타리아에게 현 사회에 그대로 머물러 있으되
부르주아 사회에 대한 증오를 버리라고 요구하는 것일
뿐이다.
이런 부르주아 사회주의 중에는 덜 체계적이지만 좀
더 현실적인 형태의 사회주의도 있다. 이런저런 정치적
변화보다 물질적 생활 조건과 경제적 상황의 변화가
자신들에게 훨씬 더 유리하다는 사실을 주지시킴으로써
노동자 계급이 모든 혁명 운동에 염증을 느끼게 하려는
사회주의이다. 그러나 이 사회주의가 말하는 물질적
생활 조건의 변화란 혁명적 과정에서만 달성 가능한

부르주아적 생산관계의 폐지가 아니라 이 생산관계의
기반 위에서 이루어지는 행정적 개선일 뿐이다. 다시 말해
자본과 임금 노동의 관계는 전혀 변하지 않은 상태에서
기껏해야 부르주아지 지배의 비용을 줄이고 국가 살림을
간소화하는 행정적 개선이라는 말이다.

부르주아 사회주의는 순전히 웅변가의 모습을 띨 때
비로소 자신에게 딱 맞는 표현을 얻는다.

노동자 계급의 이익을 위한 자유 무역! 노동자 계급의
이익을 위한 보호 관세! 노동자 계급의 이익을 위한 독방
감옥! 바로 이것들이 부르주아 사회주의의 본심에서
우러나온 유일하고 궁극적인 말이다.

결국 부르주아 사회주의는 자신들이 노동자 계급의
이해관계를 대변하는 부르주아라고 주장하는 집단이다.

3. 비판적-공상적 사회주의와 공산주의

우리가 여기서 이야기하려는 것은 근대의 모든 대혁명
과정에서 프롤레타리아트의 요구를 언명한 문헌(바뵈프
F.N. Babeuf의 저작 등)들이 아니다.

봉건 사회가 무너지던 전반적인 격동의 시기에 계급적
이익을 직접 관철하려던 프롤레타리아트의 첫 시도들은

프롤레타리아 계급 자체의 미숙한 발전 상태와 해방에
필요한 물질적 조건의 미흡으로 실패할 수밖에 없었다.
이런 물질적 조건은 부르주아 시대의 산물이다. 어쨌든
이런 초창기 프롤레타리아트 운동을 동반한 혁명적
저작들은 내용상 반동적일 수밖에 없다. 보편적인
금욕주의와 조잡한 평등주의를 가르치고 있기 때문이다.
생시몽, 푸리에, 오언 등으로 대변되는 본래의
사회주의적 공산주의적 체계들은 앞서 언급한 바와 같이
프롤레타리아트와 부르주아지의 투쟁이 성숙하지
않았던 초기에 등장했다. (《 I. 부르주아와 프롤레타리아》
부분 참조.)
이 체계들의 발명가들은 계급 대립을 비롯해 지배 사회
내에 존재하는 해체적 요소들의 효력을 알고는 있었지만,
프롤레타리아트에 내재한 역사적 독자성과 그들만의
독특한 정치적 운동성은 간파하지 못했다.
계급 대립은 산업 발전과 발맞추어 격화되기에
이 초기 발명가들은 프롤레타리아 해방에 필요한 물질적
조건을 발견할 수 없었고, 그래서 이 조건들을 창출해 낼
사회 과학과 사회 법칙을 찾아야 했다.
이렇게 해서 사회적 행동이 들어가야 할 자리에 그들
개인의 창의적 노력이, 해방에 필요한 역사적 조건이

들어가야 할 자리에 공상적인 조건이, 프롤레타리아트의
점진적 계급화가 들어가야 할 자리에 그들이 따로 고안해
낸 사회 조직이 등장했다. 그들은 앞으로 도래할 세계
역사가 자신들의 사회적 계획을 선전하고 실행하는 역사가
될 거라고 믿었다.

그들은 자신들의 계획이 주로 가장 고통받는 계급으로서
노동자 계급의 이익을 대변하고 있음을 알았지만,
문제는 그들이 프롤레타리아트를 그렇게 가장 고통받는
계급으로만 본다는 사실이었다.

그들은 계급 투쟁의 미숙한 상태와 자기 삶의 환경으로
인해 자신들이 그런 계급 대립을 초월했다고 믿었다.

그래서 최상의 삶을 누리는 계층까지 포함해서 사회 모든
구성원들의 생활 수준을 개선하고자 했고, 계급 구분 없이
전 사회에, 특히 지배 계급에 자신들의 체계를 줄기차게
호소했다. 이 체계만 이해시키면 자신들이 최상의 사회를
건설할 최고의 계획으로 인정받게 되리라고 믿어 의심치
않았던 것이다.

따라서 그들은 모든 정치 활동, 특히 모든 혁명 활동을
배격하고 평화적인 방법으로 목표를 달성하고자 했으며,
당연히 실패할 수밖에 없는 자잘한 실험과 실례의 힘을
통해 새로운 사회적 복음의 길을 개척하고자 했다.

이들은 부르주아 계급과 부르주아 국가의 노예일 뿐만 아니라 매일 매시간 기계에 의해, 감독에 의해, 특히 공장주인 개별 부르주아 자신에 의해 노예화된다. 공장에 집결한 노동자 대중은 군대식으로 편성된다. 근대 공업은 가부장적인 기능자인이 된다. 그들은 산업군대의 병졸로서 완전한 장교와 하사관의 위계질서의 감독을 받는다. 이러한 전제정치는 그것이 영리를 목적으로 한다는 것을 공공연히 내세우면 내세울수록 더욱더 좀스럽고 얄밉고 통분스러운 것이 된다.

미래 사회에 대한 이런 공상적인 해석은 프롤레타리아트가 지극히 미숙한 상태에 처해 있어서 자기 위치를 아직 공상적으로만 파악하던 시대에 태어났다. 그것도 전반적인 사회 변혁에 대한 프롤레타리아의 본능적인 첫 갈망으로서.

그런데 이런 사회주의적 공산주의적 저술들에는 사회 비판적 요소도 함유되어 있었다. 이 저술들은 현존하는 사회의 모든 토대를 공격했고, 공격 포인트는 노동자들의 계몽에 무척 소중한 자료가 되어 주었다. 미래 사회와 관련한 이 저서들의 결정적 명제들, 예를 들어 도시 농촌 간의 대립 폐지, 가족과 사적 영리, 임금 노동의 폐지, 사회적 조화 선언, 국가의 단순한 생산 관리 기구로의 전환 등과 같은 이 명제들은 막 걸음마 단계에 있어 아직 어렴풋하게만 인지되는 계급 대립의 누락만 말하고 있을 뿐이다. 따라서 이 명제들조차 아직 순수한 공상적(유토피아적) 성격을 띠고 있었다.

비판적-공상적 사회주의와 공산주의의 의미는 역사 발전과 반비례한다. 계급 투쟁이 발전하고 형태를 갖추어 나가는 것만큼 계급 투쟁에서 벗어나려는 이 공상적 태도, 즉 계급 투쟁을 퇴치하려는 공상적 태도는 모든 실천적 의미와 이론적 정당성을 상실한다. 따라서 이 체계의

창시자들은 많은 점에서 혁명적이었음에도 그 사도들은
매번 반동적 종파를 형성한다. 그들은 프롤레타리아트의
지속적인 역사 발전을 지켜보면서도 여전히 스승들의 낡은
견해를 포기하지 않는다. 그래서 시종일관 계급 투쟁의
예봉을 무디게 하고 대립을 중재하려 애쓴다. 또한 여전히
사회적 유토피아의 실험적 실현을 꿈꾼다. 예를 들어
팔랑스테르[6]의 설립, 홈콜로니Home-Colonies[7]의 창설, 새로운
예루살렘의 축소판인 작은 이카리아[8]의 건설이 그런
실험들이었다. 그들은 이 모든 사상누각을 지을 자금을
모으려고 부르주아의 박애주의에 호소해야 했다. 그러다

차츰 앞서 언급한 반동적 또는 보수적 사회주의자들의
범주로 추락했다. 그들과 차이가 있다면 좀 더 체계적인
엄밀성과 자신들이 세운 사회 과학의 기적적인 힘에 대한
광적인 미신뿐이었다.

따라서 그들은 노동자들의 어떤 정치 운동도 격렬하게
반대했다. 그들이 보기에, 이런 정치 운동은 자신들이
내세운 새로운 복음에 대한 맹목적인 불신에서만 나올 수
있었기 때문이다.

영국의 오언주의자들은 차티스트들[9]에 반대하고,
프랑스의 푸리에주의자들은 개혁주의자들[10]에 반대한다.

IV
각종 반정부 세력들에 대한
공산주의자의 입장

제 II 장에서 살펴본 것처럼, 이미 결성된 노동자
정당들과 공산주의자의 관계, 즉 영국 차티스트들
및 미국 토지 개혁파들에 대한 공산주의자들의
관계는 자명하다.

공산주의자는 노동자 계급의 당면 목표와 이익을 위해
투쟁하지만, 동시에 현재의 운동에서 이 운동의 미래를
대변하기도 한다. 프랑스 공산주의자들은 보수와 급진
부르주아지를 향한 공동 전선에서 사회민주당과 손을
잡았지만, 그렇다고 케케묵은 혁명적 전통에 뿌리를
둔 그들의 공론과 환상을 비판할 권리까지 포기하지는
않았다.

스위스 공산주의자들은 급진 세력을 지원하지만,
이 정파가 모순적 요소들, 즉 일부 프랑스식
사회민주주의자들과 급진적 부르주아들로 이루어져
있다는 사실을 망각하지는 않는다.

폴란드 공산주의자들은 토지 혁명을 민족 해방의 조건으로 내세운 정당, 즉 1846년에 크라쿠프 봉기를 일으킨 그 정당을 지원한다.

독일 공산당은 부르주아지가 혁명 노선에 동참하는 한 그들과 손잡고 절대 왕정과 봉건적 토지 소유, 반동적 프티부르주아지에 반대하는 투쟁에 나선다.

하지만 독일 공산당은 부르주아지가 결국 프롤레타리아트와 적대적 대립 관계에 있다는 사실을 노동자들이 한시도 잊지 않도록 부단히 인식시키고 또 인식시킨다. 그래야만 독일 노동자들은 부르주아지 지배가 필연적으로 불러오게 될 정치 사회적 조건들을 즉각 부르주아지를 타도할 무기로 삼고, 독일의 반동 계급이 제거되자마자 곧바로 부르주아지 자체에 대한 투쟁에 나설 수 있기 때문이다.

공산주의자들의 시선이 온통 독일로 쏠리고 있다. 이유는 분명하다. 한편으론 독일이 부르주아 혁명의 전야에 있기 때문이고, 다른 한편으론 17세기 영국이나 18세기 프랑스보다 한층 발달한 유럽 문명의 조건에서 영국이나 프랑스보다 한결 진보한 프롤레타리아트로 변혁을 수행할 것이기 때문이다. 결국 독일의 부르주아 혁명은 프롤레타리아 혁명을 여는 직접적인 서막이다.

한마디로 공산주의자들은 기존의 정치 사회 질서에
반대하는 혁명 운동이라면 어디서건 지지한다.
이 모든 운동에서 공산주의자들은 소유 문제를 운동의
기본 문제로 내세운다. 소유 문제가 각 나라의 상황에 따라
얼마만큼 진전된 형태를 띠고 있든 상관없이.
끝으로 공산주의자들은 만국의 민주 정당들과 단결하고
협력하기 위해 힘쓴다.
공산주의자들은 자신의 견해와 의도를 감추는 것을
경멸스러운 일로 여긴다. 그래서 자신들의 목적이 기존의
모든 사회 질서를 폭력적으로 타도함으로써만 이루어질
수 있다는 사실을 공공연히 밝힌다.
지배 계급들을 공산주의 혁명 앞에서 벌벌 떨게 하라.
이 혁명에서 프롤레타리아가 잃을 것은 쇠사슬뿐이요,
얻을 것은 세계 전부다.

만국의 프롤레타리아여, 단결하라!

공산주의 원리[11]

1. 공산주의란 무엇인가?

공산주의는 프롤레타리아트의 해방 조건에 관한
교리이다.

2. 프롤레타리아트란 무엇인가?

프롤레타리아트는 자본의 이윤으로 살아가지 않고 오직
자신의 노동을 팔아 생계를 유지하는 사회 계급이다.
행복과 불행, 삶과 죽음 그리고 생존 전부가 노동의 수요,
다시 말해 오르내리는 경기 변화와 무한 경쟁의 변동에
좌우된다. 한마디로 프롤레타리아트 또는 프롤레타리아
계급은 19세기의 노동 계급이다.

3. 그렇다면 프롤레타리아는 항상 존재해 왔던 것이 아닌가?

그렇지 않다. 물론 가난한 노동 계급은 늘 존재했고,
일하는 계급은 대개 가난했다. 하지만 방금 언급한 그런
환경에서 살아가는 빈자와 노동자는 항상 존재하지는
않았다. 지금만큼 자유롭고 고삐 풀린 경쟁이 항상
존재하지는 않았던 것처럼.

4. 프롤레타리아트는 어떻게 생겨나는가?

프롤레타리아트는 지난 세기 후반기에 영국에서 시작되어 이후 세계 모든 문명국에서 반복된 산업 혁명으로 생겨났다. 이 산업 혁명을 태동시킨 동력은 바로 증기 기관과 다양한 방적 기계, 기계 베틀, 다른 많은 기계 장비의 발명이었다. 무척 값이 비싸서 대자본가들만 장만할 수 있었던 이 기계들은 노동자들이 변변찮은 물레와 베틀로 만들어 내는 것들보다 훨씬 싸고 질 좋은 물건들을 공급함으로써 기존의 생산 방식을 송두리째 바꾸었을 뿐 아니라 지금까지의 노동자들까지 시장에서 몰아냈다.

이 기계들 때문에 산업은 전부 대자본가들의 손에 들어갔고, 연장과 베틀처럼 얼마 안 되는 노동자들의 재산은 쓸모없는 것으로 변해 버렸다. 자본가들은 곧 모든 것을 손에 넣었지만 노동자들의 수중에는 남아 있는 것이 없었다. 얼마 지나지 않아 옷감 제작 과정에 공장 시스템이 도입되었다. 한 부문에 기계 장치와 공장 시스템이 도입되자 그것이 도화선이 되어 이 시스템은 나머지 산업 부문, 특히 날염업과 인쇄업, 도자기업, 금속품 산업으로 급속히 확산되었다. 그와 함께 노동이 점점 분화되더니, 예전에는 전체 공정을 다 맡았던 노동자가 이제는 공정의 일부에만 참여하게 되었다.

분업으로 상품을 점점 더 빨리 점점 더 싸게 공급하는
것이 가능해졌다. 대신 노동자 한 사람 한 사람의 행위는
매 순간 똑같이 되풀이되는 매우 단순한 기계적인
손놀림으로 전락했다. 기계도 그 만큼은 할 수 있고,
아니 그보다 훨씬 잘할 수 있는 단순한 동작이었다. 이런
식으로 모든 산업 부문이 방직업과 방적업처럼 차례로
증기 기관과 기계 장치, 공장 시스템의 지배 아래 들어갔고,
전 산업이 완벽하게 대자본가의 수중에 떨어졌으며,
노동자들은 마지막 남은 독자성마저 빼앗겼다. 또한
대자본가들에 의해 커다란 작업장이 설치되면서 매뉴팩처
외에 전통적인 수공업도 차츰 공장 시스템의 지배를 받게
되었다. 비용을 대폭 줄이고 분업까지 실시할 수 있는 이런
작업장으로 인해 영세한 수공업 장인들이 설 곳은 점점
사라졌다.

이렇게 해서 이제 문명국에서는 거의 모든 노동 부문이
공장 식으로 운영되었고, 거의 모든 노동 부문에서
수공업과 매뉴팩처가 대공업에 밀려나는 상황이 벌어졌다.
이를 통해 지금까지의 중산층, 특히 영세 수공업 장인들은
점점 몰락의 길을 걸었고, 노동자들은 처지가 과거와
완전히 달라졌으며, 그와 함께 나머지 계급을 모두 삼켜

버리는 두 계급이 새로 생겨났다.

하나는, 모든 문명국에서 생필품을 비롯해 이 생필품의
생산에 필요한 원료와 도구(기계, 공장)까지 거의 독점한
대자본가 계급이다. 이들은 부르주아지 또는 부르주아
계급이다.

다른 하나는, 부르주아에게 노동을 팔지 않고는 살아가는
데 필요한 물건들을 얻을 수 없는 철저한 무산자 계급이다.
이들은 프롤레타리아트 또는 프롤레타리아 계급이다.

5. 프롤레타리아의 노동은 어떤 조건으로
부르주아에게 팔리는가?

노동도 다른 여느 상품과 마찬가지로 하나의 상품이기에
그 가격 또한 다른 모든 상품과 동일한 법칙에 따라
결정된다. 그런데 대공업 또는 자유 경쟁(이 둘은
결국 하나로 귀결된다)의 지배를 받는 상품의 가격은
평균적으로 늘 이 상품의 생산비와 같다. 따라서 노동의
가격도 노동의 생산비와 같다.

노동의 생산비란 노동자를 일할 수 있는 상태로
유지시키고 노동자 계급을 사멸시키지 않을 만큼만
필요한 생필품을 구입하는 데 드는 돈이다. 따라서
노동자는 노동의 대가로 이 목적 이상의 돈은 받지

못한다. 그래서 노동의 가격 또는 임금은 생계유지에 필요한 최저치에 지나지 않는다. 그런데 경기가 어떤 때는 좋았다가 어떤 때는 나빠지기도 하기 때문에 노동자도 어떤 때는 좀 더 받기도 하고 어떤 때는 좀 덜 받기도 한다. 공장주가 상품을 팔아 좀 더 벌기도 하고 좀 덜 벌기도 하는 것처럼. 하지만 호경기든 불경기든 공장주가 상품으로 버는 돈의 평균을 내보면 그것이 생산비보다 결코 많지도 적지도 않은 것과 마찬가지로 노동자의 평균 임금도 최저 생계비보다 더 많지도 더 적지도 않다. 노동 임금의 이런 경제적 법칙은 대공업이 모든 노동 분야를 장악할수록 더욱 엄격하게 시행된다.

6. 산업 혁명 이전에는 어떤 노동자 계급이 있었나?

노동 계급은 사회 발전 단계에 따라 생활 환경뿐 아니라 유산자 지배 계급에 대한 입장도 모두 달랐다. 고대 노동자들은 지금도 많은 후진국과 미합중국의 남부에서 그런 것처럼 주인의 노예였다. 그에 비해 중세 노동자들은 오늘날에도 헝가리와 폴란드, 러시아에서 볼 수 있는 것처럼 지주 귀족의 농노였다. 그밖에 중세부터 산업 혁명까지 도시들에는 프티부르주아적 길드 장인 밑에서 일하는 수습공들이 있었고, 매뉴팩처의 발달과 함께 좀 더 큰 자본가들에 의해 고용된 매뉴팩처 노동자들이 서서히 나타났다.

7. 프롤레타리아는 노예와 어떻게 다른가?

노예는 한 번에 자신을 다 팔아넘기지만, 프롤레타리아는 매일 매 시간 자신을 팔아야 한다. 주인의 사유 재산에 속하는 개별 노예는 주인의 사적 이익 때문에 비록 아무리 비참하더라도 생존 자체는 확실히 보장받는다. 반면에 필요할 때만 노동을 구매하는 부르주아지 전체의 재산에 속하는 개별 프롤레타리아는 생존을 보장받지 못한다. 이들이 생존을 보장받는 경우는 오직 전체 프롤레타리아 계급으로서이다. 노예는 경쟁에서 벗어나 있지만, 프롤레타리아는 경쟁에 시달리고 경쟁의 온갖 변덕을 경험한다. 노예는 부르주아 사회의 구성원이 아닌 하나의 물건처럼 간주되지만, 프롤레타리아는 하나의 인격으로, 부르주아 사회의 구성원으로 인정받는다.

이처럼 생존 차원에서는 노예가 프롤레타리아보다 낫다. 그러나 프롤레타리아는 좀 더 발전한 사회 단계에 속하고, 계급 자체도 노예보다 좀 더 높은 단계에 있다. 노예는 모든 사적 소유관계 중에서 노예제 하나만

폐지한 뒤 스스로 프롤레타리아가 되어야만 해방되지만,
프롤레타리아는 사적 소유 전반을 폐지해야만 스스로를
해방시킬 수 있다.

8. 농노와는 어떻게 다른가?

농노는 수확물의 일부를 주인에게 바치거나 주인에게
노역을 제공하는 대가로 생산 수단, 즉 자그마한 땅뙈기를
소유하고 사용한다. 반면에 프롤레타리아는 타인의 생산
수단을 갖고 타인의 비용으로 일한 뒤 생산된 상품을
팔아 벌어들인 수익의 일부를 받는다. 그러니까 농노는
수입의 일부를 주인에게 내주지만, 프롤레타리아는
수입의 일부를 받는다. 농노는 생존을 보장받지만
프롤레타리아는 보장받지 못한다. 농노는 경쟁 밖에
있지만 프롤레타리아는 경쟁 안에 있다. 농노는 도시로
도망쳐 수공업자가 되거나, 노동과 생산 대신 주인에게
돈을 줌으로써 자유 신분의 소작농이 되거나, 봉건 영주를
몰아내 스스로 자기 땅의 주인이 되거나, 간단히 말해
이런저런 방식으로 자신이 유산자 계급과 경쟁 체제
속으로 진입함으로써 해방된다면 프롤레타리아는 경쟁과
사유 재산, 모든 계급적 차이를 철폐해야만 해방된다.

9. 수공업자와는 어떻게 다른가?[12]

10. 매뉴팩처 노동자와는 어떻게 다른가?

16세기에서 18세기까지 매뉴팩처 노동자들은 어느 지역에서건 가족용 베틀이나 물레, 또는 여가 시간에 경작할 자그마한 땅뙈기 같은 생산 수단을 아직 소유하고 있었다. 그에 반해 프롤레타리아는 어떤 생산 수단도 없었다. 매뉴팩처 노동자는 대부분 농촌에서 살면서 영주나 고용주와 어느 정도 가부장적인 관계를 맺고 있다면 프롤레타리아는 대개 대도시에 거주하면서 고용주와 순수 금전 관계로 연결되어 있다. 매뉴팩처 노동자는 대공업의 여파로 가부장적 관계에서 떨어져 나와, 가진 것을 모두 잃은 뒤에야 프롤레타리아가 된다.

11. 부르주아-프롤레타리아로의 계급적 분화와 산업 혁명의 직접적 결과는 무엇인가?

첫째, 기계 노동의 여파로 공산품의 가격이 점점 싸짐으로써 세계 모든 나라에서 이전의 매뉴팩처 시스템 또는 손노동에 기초한 산업은 완전히 붕괴되었다. 지금껏 어느 정도씩 역사 발전에서 소외되었고 산업이 매뉴팩처에 기반하고 있던 모든 반(半)미개국들은 이런 산업적 변화로

인해 기존의 폐쇄적 상태에서 강제로 벗어날 수밖에
없었다. 그들은 영국의 저렴한 상품들을 구입함으로써
자국의 매뉴팩처 노동자들을 파멸에 빠뜨렸다. 그와 함께
수천 년 전부터 진보를 이루지 못했던 나라들, 예를 들어
인도 같은 나라들은 서서히 혁명적으로 변해 갔고, 이제는
중국조차 혁명의 길로 나아가고 있다. 오늘날 영국에서
기계가 하나 새로 발명되면 일 년 안에 수백만 중국
노동자들의 밥줄이 끊기는 시대가 되었다. 이런 식으로
대공업은 지구상의 모든 민족을 연결시켰고, 자잘한
지역 시장들을 하나의 세계 시장으로 모았으며, 곳곳에서
문명과 진보를 준비했고, 문명국에서 일어난 일들이 얼마
안 가 다른 모든 나라들에도 영향을 끼치게 했다. 그로써
이제 영국이나 프랑스에서 노동자들이 해방되면 이르든
늦든 다른 모든 나라들로도 노동자들의 해방을 부를
혁명이 유입될 수밖에 없었다.

둘째, 매뉴팩처 대신 등장한 대공업은 곳곳에서
부르주아의 부와 힘을 최고조로 증대시키고, 부르주아를
각 나라의 제1계급으로 만들었다. 그 결과, 이런 일이
일어나는 곳 어디서건 부르주아지는 정치권력을 손에
넣고, 지금까지의 지배 계급인 귀족과 길드 장인 그리고
이 둘을 대변하는 절대 왕조를 몰아냈다.

부르주아지는 장자 상속제를 비롯해 토지 소유의 양도 불가능성과 귀족의 모든 특전을 폐지함으로써 귀족의 권력을 무너뜨렸다. 또한 수공업의 특권과 동업 조합을 폐지함으로써 길드 장인들의 권력도 파괴했다. 그런 다음 귀족과 장인의 권력 자리에 자유 경쟁을 앉혔다. 즉 아무 산업 영역이든 누구나 운영할 권리가 있고, 자본이 부족한 경우 말고는 그 운영에 어떤 걸림돌도 있을 수 없는 사회적 상태를 정착시킨 것이다.

결국 자유 경쟁의 도입은 다음과 같은 사실의 공개 선언이나 다름없다. 즉 이제부터 모든 사회 구성원은 오직 자신이 소유한 자본의 불평등만큼 불평등하고, 자본이 사회의 결정적인 권력이고, 그로써 자본가, 즉 부르주아가 사회 제1계급이 되었다는 것이다. 자유 경쟁은 대공업의 초기에 필요하다. 대공업이 대두할 수 있는 유일한 사회적 상태가 자유 경쟁이기 때문이다. 부르주아지는 귀족과 길드 장인의 사회적 힘을 무너뜨린 뒤 그들의 정치권력까지 와해시킨다. 또한 사회에서 제1계급으로 부상한 것처럼 정치 영역에서도 스스로를 제1계급으로 천명한다. 그것을 가능케 한 것이 바로 유럽 국가들에서 입헌 군주제의 형태로 도입된 대의제, 즉 법 앞에서 모든 부르주아의 평등과 법적으로 공인된 자유 경쟁에 기반을

두고 있는 체제이다. 이런 입헌 군주제에서는 일정한
자본을 가진 사람만, 즉 부르주아만 투표권을 가진다.
부르주아 유권자들이 대표자를 선출하고, 부르주아
대표자들이 납세 거부권을 무기로 부르주아 정부를
뽑는다.

셋째, 어디서건 부르주아지가 발전하는 것만큼
프롤레타리아트도 발전하고, 부르주아의 수중에 돈이
쌓여 나가는 것과 비례해서 프롤레타리아의 숫자는 점점
불어난다. 이유는 분명하다. 프롤레타리아는 자본을
통해서만 고용되고 자본은 노동자를 고용한 뒤에야
불어나기에 프롤레타리아트의 증가는 정확히 자본의

증가와 보조를 맞추기 때문이다. 동시에 대공업은
부르주아와 마찬가지로 프롤레타리아도 대도시로
집결시킨다. 산업체를 운영하기에 대도시만큼 이점이
많은 곳은 없기 때문이다. 또한 대공업의 발전으로 수많은
인간들이 한곳에 밀집함으로써 프롤레타리아는 자신의
힘을 인식할 기회를 얻는다. 더욱이, 산업이 발전할수록,
그리고 손노동을 몰아낼 새 기계가 점점 많이 발명될수록
앞서 말한 것처럼 임금은 최저치로 낮아지고, 그로 인해
프롤레타리아트의 삶은 견디기 힘들 정도로 비참해진다.
결국 불만이 누적되고 프롤레타리아트의 힘까지 커지면서

프롤레타리아 혁명은 차츰 무르익어 간다. 모두 대공업 자체에서 비롯된 일이다.

12. 산업 혁명의 또 다른 결과는 무엇인가?

대공업은 증기 기관과 다른 기계들의 도움으로 단기간에 적은 비용으로 산업 생산을 무한히 증대할 수 있는 수단을 만들어 냈다. 이처럼 생산이 쉬워지면서 대공업의 환경에서 필연적으로 생겨날 수밖에 없는 자유 경쟁은 순식간에 극한 경쟁으로 치닫게 되었다. 많은 자본가들은 산업에 투신했고, 그로써 얼마 안 가 소비되는 양보다 더 많은 상품이 생산되었다. 그 결과, 공장에서 만들어진 상품들이 팔리지 않으면서 이른바 상업 공황이 발생했다. 공장은 멈추어 섰고, 공장주는 파산했으며, 노동자는 밥줄이 끊겼다. 곳곳에서 극도의 빈곤이 휩쓸었다. 그러다 얼마 뒤 잉여 상품이 팔리고, 공장은 다시 돌아가고, 임금이 오르고, 경기도 서서히 좋아지기 시작했다. 그러나 그것도 오래가지 못하고 또다시 상품이 너무 많이 생산되면서 예전과 똑같은 과정을 되풀이하는 공황이 찾아왔다. 이처럼 금세기 초부터 산업은 지속적으로 호황과 공황 사이에서 요동쳤고, 5~7년에 한 번씩 거의 규칙적으로 공황이 발생했으며, 그런 공황이 발생할 때마다 노동자들의 극심한 빈곤과 혁명적인 분노, 그리고 기존 질서에 대한 최고조의 위협이 한 묶음으로 연결되어 나타났다.

13. 규칙적으로 반복되는 이런 상업 공황의 결과는 무엇인가?

첫째, 대공업은 초창기 발전 단계에서 자유 경쟁을 만들어 냈음에도 이제는 자유 경쟁조차 감당이 안 될 정도로 덩치가 커져, 경쟁 체제와 개별적인 생산 조직 전반은 대공업이 깨뜨려야 하고 깨뜨리게 될 족쇄가 되었다. 대공업은 현재의 기반 위에서 계속 운영되는 한 7년마다 되풀이되는 전반적인 혼란을 통해서만 유지되고, 이 혼란은 한 번 발생할 때마다 문명 전체를 위협하고 프롤레타리아만 곤궁으로 빠뜨리는 것이 아니라 상당수 부르주아도 파멸시킨다. 따라서 대공업은 스스로 문을 닫든지(물론 이런 일은 절대 없을 것이다), 아니면 경쟁하는 공장주들 개인이 아니라 전 사회가 확고한 계획과 수요에 따라 산업 생산을 이끄는 완전히 새로운 사회 조직을 만들든지 해야 한다.

둘째, 대공업과 이를 통한 생산의 무한 확대로, 사회 구성원 각자가 자신의 힘과 소질을 자유롭게 키워서 펼칠

수 있을 만큼 많은 생필품을 만들어 내는 사회 질서의
실현이 가능해진다. 다시 말해, 오늘날의 사회에서는
곤궁과 상업 공황을 낳는 대공업의 속성이 완전히 다른
형태의 사회에서는 그런 곤궁과 치명적인 변동을 없애 줄
요소로 작용할 수 있다는 것이다. 이로써 다음의 사실이
명확해진다.

① 이 모든 해악은 실제 현실에 맞지 않는 사회 체제
탓이다.
② 새로운 사회 체제를 통해 이러한 해악을 완전히 제거할
수 있는 수단이 존재한다.

14. 이 새로운 사회 체제는 어떤 형태여야 하는가?
새로운 사회 체제는 무엇보다 산업과 모든 생산 부문의
운영을 서로 경쟁하는 개인들의 손에서 빼앗아 사회
전체에 맡긴다. 즉 사회 구성원 모두가 참여하는 가운데
전 산업 부분을 공동 계획과 공동 이익에 따라 운영하는
것이다. 따라서 경쟁은 폐지되고, 대신 연대가 등장한다.
개인이 산업을 운영하면 필연적으로 사유 재산이 생길
수밖에 없고, 경쟁도 본질적으로 개별 사유 재산가들의
산업 운영 방식에 지나지 않기에 사유 재산은 개인에 의한

산업 운영 및 경쟁과 분리될 수 없다. 그래서 사유 재산도 마찬가지로 철폐되어야 한다. 대신 모든 생산 수단의 공동 이용과 공동 합의에 따른 모든 재화의 분배, 또는 이른바 재화의 공동 소유가 등장한다. 사유 재산의 철폐는 산업 발전 과정에서 필연적으로 생겨날 수밖에 없는 전 사회 질서의 개조를 가장 간략하고 특징적으로 표현한 말이다. 따라서 공산주의자들이 이를 핵심 요구로 부각시키는 것은 타당하다.

15. 그렇다면 사유 재산의 철폐는 그전에는 가능하지 않았는가?

그렇다, 가능하지 않았다. 사회 체제의 변화와 소유관계의 모든 혁명은 낡은 소유관계에 더는 적합하지 않은 새로운 생산력의 창출에 따른 필연적인 결과였다. 사적 소유도 그 과정에서 생겨났다. 사적 소유는 늘 존재했던 것이 아니다. 다시 말해 중세 말엽 매뉴팩처를 통해 기존의 봉건적이고 동업 조합적 소유관계에 더는 예속되지 않는 새로운 생산 양식이 나타났을 때 낡은 소유관계로는 더는 감당이 안 되는 이 매뉴팩처에서 새로운 소유 형태, 즉 사유 재산이 만들어진 것이다. 매뉴팩처와 대공업의 초기 단계에는 사유 재산 외에 다른 어떤 소유 형태도, 그리고

사유 재산에 기반을 둔 사회 체제 외에 다른 어떤 사회
체제도 가능하지 않았다. 사회 구성원 모두에게 충분히
돌아갈 뿐 아니라 사회적 자본과 생산력의 증대를
위해 잉여 생산물이 나올 만큼 충분히 생산되지 않는
한 사회적 생산력을 장악한 지배 계급과 억압받는
가난한 계급은 늘 존재할 수밖에 없다. 이 두 계급이
어떤 모습일지는 생산의 발전 단계에 좌우된다. 농경에
의존하던 중세에서는 영주와 농노의 모습이었고, 중세
말엽의 도시들에서는 길드의 장인과 도제, 날삯꾼의
모습이었으며, 17세기에는 매뉴팩처 경영자와 매뉴팩처
노동자, 19세기에는 대공장주와 프롤레타리아의
모습으로 나타났다.

지금까지는 생산력이 아직 모든 구성원에게 충분한
만큼 발달하지 못했고, 사적 소유가 이러한 생산력에
족쇄이자 바리케이드 역할을 한 것은 분명하다. 그런데
이제 상황이 바뀌었다. 첫째, 대공업의 발전으로 자본과
생산력은 미증유의 수준으로 커졌고, 이런 생산력을
단기간에 무한대로 확장시킬 수단까지 존재한다. 둘째,
소수 부르주아만 이 생산력을 소유한 반면에 대다수
인민은 점점 프롤레타리아로 변해 가고, 삶의 상황도
부르주아의 부가 증가하는 만큼 점점 비참해지고

고통스러워진다. 셋째, 한번 가속도가 붙은 이 생산력은 언제든 사회 질서를 폭력적인 혼란 상태로 빠뜨릴 수 있을 만큼 사유 재산과 부르주아조차 감당할 수 없는 수준으로 증대되었다. 이런 현 상황이야말로 사유 재산의 철폐가 가능할 뿐 아니라 필연적으로 이루어질 시점이다.

16. 사적 소유의 폐지는 평화적인 방법으로 가능한가?

그렇게 되는 것이 바람직하고, 그렇게만 된다면 누구보다 먼저 공산주의자들이 쌍수를 들고 환영할 것이다. 공산주의자들은 사실 모든 반란 모의가 쓸데없는 일일 뿐 아니라 심지어 해롭기까지 하다는 사실을 누구보다 잘 안다. 또한 혁명은 의도적이고 독단적으로 이루어지는 것이 아니고, 언제 어디서건 개별 정당과 전체 계급의 의지나 인솔에는 전혀 영향을 받지 않는 여러 상황들의 필연적인 결과임을 누구보다 잘 안다.

하지만 이런 가운데에도 공산주의자들은 롤레타리아트의 발전이 거의 모든 문명국에서 폭력적으로 억눌러지고 있고, 그로써 공산주의자의 적들이 실은 전력으로 혁명의 도화선에 불을 댕기고 있다는 사실 또한 잘 안다. 이렇듯 억압받는 프롤레타리아트가 마침내 혁명으로 내몰리게 되면 우리 공산주의자들은 지금처럼 말로건, 아니면 실제 행동으로건 프롤레타리아를 열렬히 지지할 것이다.

17. 사적 소유의 폐지는 단숨에 가능한가?

아니다. 공동 사회가 생성될 만큼 단번에 기존의 생산력이 배가되지 못하는 것처럼 사적 소유의 폐지도 단숨에 이루어지지 않는다. 가능성이 가장 높은 시나리오는, 프롤레타리아트 혁명으로 현 사회가 서서히 개조되고, 필요한 생산 수단이 충분히 확보된 뒤 사적 소유가 폐지되는 것이다.

18. 이 혁명은 어떤 발전 과정을 밟는가?

무엇보다 혁명은 민주적 국가 체제와 더불어 직간접적으로 프롤레타리아트에 의한 정치적 지배를 일구어 낼 것이다. 프롤레타리아가 벌써 인민의 다수를 이루는 영국에서는 프롤레타리아트의 정치적 지배가 직접적으로 성취될 것이고, 인민의 다수가 아직 프롤레타리아를 비롯해 소농민과 프티부르주아로 이루어진 프랑스와 독일에서는 간접적으로 성취될 것이다. 이들 나라의 소농민과 프티부르주아는 막 프롤레타리아 계급으로 넘어가고 있고, 정치적 이해관계도 점점 프롤레타리아트에 종속되고 있으며, 그래서 얼마 안 가 프롤레타리아트의 요구들을 따르게 될 것이다. 아마 그 과정에서 2차 투쟁을 치러야겠지만 이 투쟁도 프롤레타리아트의 승리로 끝날 것이다.

만일 민주주의가 사적 소유를 직접적으로 공격하고 프롤레타리아트의 생존을 보장하는 또 다른 조치들의 관철을 위한 수단으로 즉각 이용되지 않는다면 그 민주주의는 프롤레타리아트에 완전히 무용지물이 될 것이다. 기존 상황들의 필연적 결과로서 벌써 나타나고 있는 이 조치들 중에서 가장 핵심적인 것은 다음과 같다.

① 누진세, 높은 상속세, 방계 친족(예를 들어 형제, 조카 등)에 대한 상속 폐지, 강제 공채[13] 등의 도입을 통한 사유재산의 제한.

② 한편으로는 국가 산업과의 경쟁을 통해, 다른 한편으로는 직접적인 채권 보상을 통해 토지 소유자, 공장주, 철도 소유자, 선주들의 재산에 대한 점진적인 국유화.

③ 모든 국외 이민자와 인민 다수에게 반기를 든 반역자들의 재산 몰수.

④ 국영 농장, 공장, 작은 작업장에서 프롤레타리아를

고용하고 노동을 체계화함으로써 노동자들 사이의 경쟁을 없애고, 공장주들에게(이들이 아직 남아 있다는 전제하에서) 국가와 똑같이 높은 임금을 지불하도록 강제.

⑤ 사적 소유가 완전히 철폐될 때까지 사회 구성원 모두에게 균등한 강제 노동 실시. 특히 농업을 위한 산업 군대 육성.

⑥ 국가 자본을 소유한 국립 은행의 설립, 민영 은행 및 개별 은행가들의 억압, 이 두 가지 수단을 통한 돈 거래와 대부 시스템의 국가 집중화.

⑦ 국가 소유의 자본과 노동자들이 증가하는 비율에 따라 국영 공장과 작업장, 철도, 선박의 증설 그리고 경작 가능한 모든 땅의 개간 및 이미 경작되고 있는 토지의 개량 사업.

⑧ 어머니의 보살핌이 없어도 되는 나이부터 모든 아이들을 국가 시설에서 무상으로 교육 실시. 교육과 생산의 통합.

⑨ 산업이나 농업에 종사하는 인민 공동체를 위해 도시와 농촌의 일면성과 단점들은 나누지 않으면서 두 생활 방식의 장점만 하나로 통합한 공동 주택으로 국영 농장 안에 거대한 저택들의 건립.

⑩ 건강하지 못하고 잘못 지어진 모든 주택과 도시

지구의 해체

⑪ 정식 결혼에서 태어난 자식이든 혼외 자식이든 동일한
상속권 부여.

⑫ 모든 운송 수단의 국가 집중화.

이 모든 조치들은 당연히 단번에 시행될 수 없다. 다만
한 조치가 항상 다른 조치를 불러들인다. 사유 재산에
대한 급진적인 공격이 일단 일어나면 프롤레타리아트는
이 공격이 계속 이루어져야 할 뿐 아니라 더 나아가 모든
자본과 농지, 산업, 운송 수단, 교역의 국가 집중화로
확대되어야 한다는 사실을 필연적으로 깨닫게 된다.

위에서 언급한 모든 조치들의 목표도 바로 이러한
국가로의 집중화이다. 이 조치들은 한 국가의 생산력이
프롤레타리아트의 노동을 통해 배가되는 것과 비례해
실행 가능해지고 중앙 집권적인 결과를 촉진한다. 끝으로,
모든 자본과 생산, 교역이 국가의 수중에 떨어지면 사유
재산은 자연히 없어지고, 돈은 쓸모없는 것이 되고, 거기다
낡은 사회의 마지막 경제 습관까지 사라질 정도로 생산은
증대하고 인간도 바뀐다.

19. 이 혁명은 오직 한 국가에서만 일어나는가?

아니다. 대공업의 발달로 세계 시장이 구축됨으로써 지구상의 모든 민족들, 특히 문명화된 민족들은 한 나라가 다른 나라에서 일어난 일에 영향을 받지 않을 수 없을 정도로 이미 밀접하게 연결되었다. 더구나 대공업은 부르주아지와 프롤레타리아트가 사회의 핵심 두 계급으로 자리 잡고, 이 두 계급 사이의 투쟁이 현금의 핵심 투쟁으로 고착화될 정도로 모든 문명국들의 사회적 상태를 일정한 수준으로 고르게 발달시켰다. 따라서 이제 공산혁명은 단순히 한 국가에서만 일어나는 사건이 아니라 모든 문명국들, 아니 최소한 영국과 미국, 프랑스, 독일에서 동시다발적으로 전개될 것이다. 공산혁명은 이들 나라의 개별적인 산업 발전과 부의 축적 정도, 생산력의 발달 수준에 따라 좀 더 급속히, 또는 좀 더 천천히 전개된다. 그런 측면에서 이 혁명은 독일에서 가장 천천히 가장 힘들게, 영국에서 가장 빨리 가장 쉽게 진행될 것이다. 이 나라들에서 발생한 혁명들은 세계의 나머지 나라들에도 의미심장한 영향을 끼칠 것이고, 이들 나라에서 전개되어 온 기존의 방식을 획기적으로 바꾸어 혁명을 가속화할 것이다. 이런 측면에서 공산혁명은 보편적 혁명이고, 보편적 영토를 확보할 것이다.

20. 사유 재산이 최종적으로 폐지되면 어떤 일이 벌어지는가?

지금껏 개별 자본가들에게 맡겨져 있던 사회의 전 생산력과 교통수단, 재화의 교역과 분배를 그들의 손에서 빼앗아 현존하는 생산 수단과 사회 전체의 수요에 기초한 계획에 따라 관리하면 무엇보다 지금도 대공업의 운영과 직결되어 나타나는 기존의 모든 나쁜 결과들이 제거된다. 즉 공황이 사라지는 것이다. 현 사회 질서에는 과잉 생산이자, 빈곤의 강력한 원인이 되는 확대 생산도 더는 충분하지 않고 한층 더 확대되어야 한다. 과잉 생산은 이제 빈곤을 야기하는 대신 사회의 당면 수요를 넘어 모든 이들의 수요를 충족시킬 뿐 아니라 새로운 수요와 그것을 충족시키는 또 다른 수단들을 만들어 낸다.

과잉 생산은 새로운 진보의 조건과 동인이 되고, 지금까지와는 다르게 사회 질서를 혼란에 빠뜨리지 않고 새로운 진보를 일구어 낸다. 사유 재산의 압박에서 해방된 대공업은 과거 매뉴팩처가 오늘날의 대공업에 비해 왜소해 보였던 것처럼 현 발전 상태가 왜소해 보일 만큼 크게 발전한다. 산업 발전은 모두의 수요를 충족시킬 만큼 충분한 양의 상품을 사회에 제공한다. 농업 분야도 마찬가지다. 사유 재산과 토지 분할의 압박에 눌려 기존의

개선 작업과 과학적 발전을 자기 것으로 삼지 못했던
농업이 이제는 비약적인 발전을 통해 사회에 정말 충분한
양의 재화를 제공하게 된다.

이런 식으로 사회는 모든 구성원들의 수요를 충족시킬 만큼
충분히 재화를 생산한다. 이로써 대립하는 여러 계급들로
사회가 나뉘는 것도 쓸데없는 일이 된다. 아니, 단순히
쓸데없는 일에 그치지 않고 새로운 사회 체제와는 양립조차
할 수 없다. 계급은 분업에서 생겨났는데, 새로운 생산
방식과 함께 지금까지의 분업 방식은 완전히 사라진다.
왜냐하면 앞서 언급한 수준까지 산업 생산과 농업 생산을
확대하려면 기계와 화학의 보조 수단만으로는 충분하지
않고, 이 보조 수단들을 운영하는 인간의 능력도 비슷한
수준으로 높여야 하기 때문이다. 이전 세기의 농민과
매뉴팩처 노동자들이 대공업의 세계로 휩쓸려 들어왔을
때 생활 방식 전부를 바꾸면서 완전히 다른 인간이 된
것처럼, 재화의 공동 운영도 사회 전체와 생산의 새로운
발전을 통해 예전과는 완전히 다른 인간을 필요로 하고,
또 탄생시킨다. 생산의 공동 운영은 오늘날과 같은
인간으로는 이루어지지 않는다. 다시 말해, 각자가 하나의
생산 파트에 노예처럼 예속된 채 착취당하고, 다른 잠재적
능력을 모두 희생시켜 오직 하나의 소질만 개발하고,

전 생산 공정에서 한 부분만, 아니 그 부분에서 또 작은 부분만 아는 인간으로는 공동 생산을 운영할 수 없다는 것이다.

현재의 산업에도 벌써 이런 인간형은 점점 쓸모가 없어지고 있다. 전 사회가 공동으로 계획을 세워 운영하는 산업은 오직 자신의 소질을 다방면으로 펼쳐 나가고 전 생산 시스템을 한눈에 꿰뚫어 볼 줄 아는 인간을 전제로 한다. 기계로 인해 벌써 토대가 허물어진 분업은 인간을 농민, 구두 수선공, 공장 노동자, 증권 거간꾼으로 만드는데, 그런 분업은 앞으로 완전히 사라질 것이다. 젊은이들은 교육을 통해 생산의 전 시스템을 빠른 속도로 섭렵하고, 사회적 수요나 자신들의 성향에 따라 순서대로 이 생산 파트에서 저 생산 파트로 넘어간다. 따라서 교육은 지금의 분업이 개인들에게 압인처럼 찍어 놓은 일면적 성격을 제거해 준다. 이런 식으로 공산주의적으로 조직된 사회는 구성원들에게 다방면으로 계발된 개인의 소질을 다방면으로 펼칠 기회를 부여한다. 그와 함께 다양한 계급도 필연적으로 소멸된다. 공산 사회는 그 자체로 계급과 양립하지 못할 뿐 아니라 공산 사회의 탄생이 그런 계급 차이를 청산하는 수단을 제공하기 때문이다.

이런 점에서 도시와 농촌 간의 대립도 사라진다. 상이한 두 계급이 아닌 동일한 사람들에 의한 농업과 산업의 운영은 전적으로 물질적인 이유에서 공산주의적 협동의 필연적인 조건이다. 농사 인구를 농촌에 분산시키고 산업 인구를 대도시에 밀집시키는 것은 농업과 산업의 미성숙한 단계를 나타낼 뿐 아니라 지금 벌써 뚜렷이 감지되는, 향후 더 나은 발전을 위해서는 걸림돌로 작용한다.

사적 소유의 폐지가 가져올 핵심 결과는 다음과 같다. 생산력의 계획적인 공동 이용을 위한 모든 사회 구성원들의 전반적인 협력, 구성원 전부의 수요를 충족시킬 수준으로 생산의 증대, 한쪽의 희생을 기반으로 다른 쪽의 수요를 충족시키는 상태의 중지, 계급과 계급적 대립의 완전한 철폐, 다방면으로 펼쳐지는 개개인의 능력. 이 마지막 부분은 지금까지 시행되어 온 분업의 폐지, 산업 교육, 다양한 일의 섭렵, 전체가 만들어 낸 물질적 즐거움에 대한 만인의 참여, 도시 농촌 간의 융합을 통해 실현 가능하다.

21. 공산주의 사회 체제는 가정에 어떤 영향을 미치는가?

공산주의 사회 체제는 남자 여자 두 성의 관계를 오직

관련 당사자에게만 통용되고, 사회는 개입해선 안 될 순수 사적인 관계로 만든다. 이것이 가능한 것은 사유 재산이 철폐되고, 아이들을 공동으로 교육하고, 그로써 지금까지 혼인 제도를 떠받쳐 온 두 토대, 즉 사유 재산을 통한 남편에 대한 아내의 종속 관계, 부모에 대한 아이들의 종속 관계가 완전히 허물어지기 때문이다. 공산주의적 부인 공유제를 두고 도덕군자연하는 속물들이 지껄여 대는 비난에 대한 대답도 바로 여기에 있다. 사실 부인 공유제는 전적으로 부르주아 사회의 것으로서 오늘날의 매춘에 그 본질이 고스란히 담겨 있다. 그런데 매춘은 사유 재산에 토대를 두고 있기에 사유 재산이 폐지되면 함께 사라진다. 따라서 공산주의 사회는 부인 공유제를 도입하는 것이 아니라 오히려 폐지한다.

1 2 3

22. 공산주의 조직은 현존하는 국적에 대해 어떤 입장을 취하는가?

그대로이다.

23. 현존 종교에 대해서는 어떤 입장을 취하는가?

그대로이다.[14]

24. 공산주의자는 사회주의자와 어떻게 다른가?

이른바 사회주의자라고 하는 사람들은 세 계급으로
나뉜다. 첫 계급은 대공업과 세계 무역, 그리고 이 두
요소 덕분에 탄생한 부르주아 사회에 의해 파괴되었고
지금도 매일 파괴되고 있는 봉건적 가부장적 사회의
추종자들이다. 이 계급은 현 사회의 폐해들에서
봉건적 가부장적 사회가 복원되어야 한다는 결론을
끌어낸다. 이유는 분명하다. 봉건적 가부장적 사회는
그런 폐해들로부터 자유롭다는 것이다. 그들의 제안은
노골적인 것이건 우회적인 것이건 모두 이 목표와 닿아
있다. 〈반동적 사회주의자〉라 할 수 있는 이 계급은 아무리
프롤레타리아트의 비참한 상황에 대해 뜨거운 눈물을
흘리고 관심을 쏟는 척해도 늘 공산주의자들로부터
격렬한 공격을 받는다. 이유는 다음과 같다.

① 그들은 정말 불가능한 것을 추구하기 때문이다.
② 그들은 절대주의적 왕이나 봉건적 왕, 관료,
군인, 성직자를 비롯해 귀족과 길드 장인, 매뉴팩처
운영자들에게 지배권을 돌려주려고 하고, 그로써 현
사회의 폐단으로부터는 자유롭지만 대신 그에 못지않을
만큼 다른 많은 폐해를 갖고 있고, 공산주의 조직에 의한

노동자 계급의 해방 전망이 전혀 보이지 않는 사회를
복원하려고 하기 때문이다.

③ 이 반동적 사회주의자들은 프롤레타리아트가 혁명적
공산주의자가 되자마자 진짜 의도를 드러내어 부르주아와
손잡고 프롤레타리아트를 칠 것이기 때문이다.

두 번째 사회주의자 계급은 현 사회의 추종자들로
이루어져 있다. 즉 필연적으로 생겨날 수밖에 없는 폐해들
때문에 이 사회의 존립을 걱정하는 사람들이다. 그래서
이들은 사회적 해악을 제거함으로써 현 체제를 유지하려고
노력한다. 이러한 목적을 위해 이들 일부는 단순한 자선적
조치를 제안하고, 다른 일부는 사회를 재조직한다는
구실 아래 현 사회의 토대와 현 사회를 지키는 거창한
개혁 프로그램을 제시한다. 공산주의자의 입장에서는 이
부르주아 사회주의자들도 마찬가지로 지속적으로 타도
대상이 될 수밖에 없다. 이들은 공산주의의 적들을
위해 일하고, 공산주의자들이 무너뜨리려고 하는
바로 그 사회를 옹호하기 때문이다.
끝으로 세 번째 계급은 민주주의적 사회주의자들로
이루어져 있다. 이들은 공산주의자들과 동일한 길
위에서 18번 문항에 언급된 일부 조치들을 요구하지만,

공산주의로의 이행 수단으로서가 아니라 빈곤 퇴치와
사회적 적폐 해소에 충분한 수단으로서만 요구할 뿐이다.
이들 민주주의적 사회주의자들은 프롤레타리아트
해방 조건에 대해 아직 충분히 계몽되지 못한
프롤레타리아이거나, 프티부르주아지의 대표자, 즉
민주주의와 거기서 파생된 사회주의적 조치들을 쟁취할
때까지 프롤레타리아와 똑같은 이해관계를 가진 계급의
대표자이다. 그 때문에 공산주의자들은 이 민주주의적
사회주의자들이 부르주아 지배 계급 밑으로 들어가
공산주의자들을 공격하지 않는 한, 행동의 순간까지
이들과 통로를 유지하고 가능한 한 공동 정책을 추진해야
한다. 물론 이렇게 함께 행동한다고 해서 이들과의
차이점이 무시되어선 안 된다는 것은 분명하다.

25. 공산주의자들은 우리 시대의 나머지 정당들에
대해서는 어떤 입장을 취하는가?
이 관계는 나라마다 다르다.
부르주아지가 지배하는 영국, 프랑스, 벨기에에서
공산주의자들은 다양한 민주 정당들과 앞으로도
얼마간은 공통의 관심사를 유지한다. 게다가 현재
곳곳에서 민주주의자들이 주장하는 사회주의적

조치들이 공산주의자들의 목표에 접근할수록, 다시 말해
그들이 프롤레타리아트의 이익을 더 뚜렷이 대변하고
프롤레타리아 계급을 자신들의 토대로 더 분명히
인식할수록 공통의 관심사는 점점 커져 간다. 일례로
영국에서는 노동자로 이루어진 차티스트들이 다른
민주적 프티부르주아나 급진파라고 하는 사람들보다
공산주의자들에 월등히 가깝다.

민주 헌법을 도입한 미국의 경우, 공산주의자들은 이 헌법
체제를 부르주아지를 공격하고 프롤레타리아트의 이익을
옹호하는 데 이용하려는 정파, 즉 토지 개혁파와 협력
관계를 유지해야 한다.

스위스 급진파들은 무척 여러 가지 색깔이 뒤섞여
있지만 공산주의자들이 관계를 맺을 수 있는 유일한
정당이고, 그들 중에서도 바틀란트파와 제네바파가 가장
진보적이다.

끝으로 독일에서는 부르주아와 절대 왕정 사이의 결전이
이제야 목전에 있다. 그런데 공산주의자들은 부르주아
지배 체제가 확립되기 전까지는 자신과 부르주아지 사이의
결전을 기대할 수 없기에 일단 가능한 한 빨리 부르주아가
지배권을 얻도록 돕고, 그다음 최대한 빨리 부르주아지를
타도하는 것이 공산주의자들의 이해관계에 맞다. 따라서

공산주의자들은 늘 현 집권 세력에 반기를 드는 것과 함께 자유주의 부르주아 정당을 후원해야 한다. 물론 이때 부르주아의 자기기만에 현혹되거나, 부르주아지의 승리가 프롤레타리아트에 가져다줄 유익한 결과들과 관련해서 부르주아지의 달콤한 약속에 넘어가지 않도록 조심해야 한다. 부르주아지의 승리가 공산주의자들에게 가져다줄 이득은 오직 다음뿐이다.

첫째, 공산주의 원칙의 옹호와 토론, 확산을 수월하게 해 주고, 그와 함께 프롤레타리아가 투쟁 준비와 확고한 조직을 갖춘 계급으로 단결하는 것까지 쉽게 해주는 여러 가지 양보를 받아 낼 수 있다.

둘째, 절대 왕정이 무너지는 날이 부르주아와 프롤레타리아 사이의 결전이 시작될 첫날이라는 확신을 가질 수 있다.

이날부터 공산주의자들의 당 정책은 부르주아지가 벌써 지배하고 있는 나라들의 당 정책과 똑같아질 것이다.

프리드리히 엥겔스

『공산당 선언』의 중판 및
번역본들의 서문

당시 상황에서는 당연히 비밀 조직일 수밖에 없었던
국제노동자협회, 즉 공산주의자 동맹은 1847년 11월
런던 대회에서 대외 공포용으로 상세한 이론적 실천적 당
강령을 작성할 것을 우리 두 사람에게 위임했다. 이렇게
해서 본 선언문이 나왔고, 이 원고는 2월 혁명 몇 주 전
인쇄를 위해 런던으로 건너갔다. 독일어로 처음 출간된
이 선언문은 독일과 영국, 미국에서 최소 열두 종의 독일어
판으로 인쇄되었다. 영어로는 1850년 런던에서 헬렌
맥팔레인Helen Macfarlane의 번역으로 『붉은 공화주의자
Red Republican』[15]에 처음 실렸고, 1871년에는 적어도 세
가지 상이한 번역본이 미국에서 출간되었다. 프랑스어
번역본은 1848년 6월 봉기 직전에 파리에서 처음
출간되었고, 최근에는 뉴욕의 정치 주간지 『사회주의자Le
Socialiste』에 게재되었다. 새 번역은 현재 준비 단계에 있다.
폴란드어 번역본은 첫 독일어 판이 출간된 직후 런던에서

133

나왔고, 러시아어는 1860년대에 제네바에서 선보였으며, 덴마크어 번역은 독일어 판이 출간된 지 얼마 지나지 않아 이루어졌다.

지난 25년 동안 상황이 아무리 변했다고 하더라도 이 선언에서 개진된 보편적 원칙들은 전체적으로 볼 때 오늘날에도 온전히 유효하다. 물론 세부적으로 손봐야 할 구석은 있다. 공산당 선언 자체가 천명하고 있듯이, 이 원칙의 실천적 적용은 언제 어디서건 역사적으로 주어진 상황에 좌우되고, 그 때문에 제 Ⅱ 장 마지막 대목에서 제안한 혁명적 조치들에 특별한 비중을 둘 필요는 없다. 이 문구들은 오늘날 많은 점에서 다른 의미로 들릴 수 있다. 지난 25년 동안 어마어마하게 성장한 대공업, 그에 발맞춰 진일보한 노동자 계급의 당 조직 그리고 2월 혁명을 시발점으로 프롤레타리아트가 처음으로 두 달 동안 정치권력을 장악한 파리 코뮌[16]같은 진일보한 실천적 경험들을 고려하면 오늘날 이 강령은 이미 군데군데 낡은 것이 되어 버렸다. 특히 〈노동자 계급에게는 기존 국가 기구를 장악한 뒤 자기 목적에 따라 운영할 능력이 없다〉는 사실은 파리 코뮌을 통해 여실히 증명되었다(『프랑스 내전. 국제노동자협회 총평의회 성명서』*Der Bürgerkrieg in Frankreich. Adresse des Generalrats der*

Internationalen Arbeiter—Association』[17] 독일어 판 19쪽 참조. 이와 관련된 내용이 자세히 설명되어 있다). 게다가 사회주의 문헌들에 대한 비판도 1847년까지 출간된 문헌들만을 대상으로 했기에 지금의 시점으로 보면 당연히 미흡할 수밖에 없다. 마찬가지로 제IV장에서 기술된, 각종 반정부 세력들에 대한 공산주의자의 입장도 그 원칙에 있어서는 여전히 타당하지만 실천 면에서는 정치 상황이 총체적으로 바뀌었고, 그간의 역사 발전을 통해 당시 나열된 정당 대부분이 세상에서 사라졌기에 이미 낡은 것으로 변했다는 사실 또한 지극히 당연하다.

그럼에도 이 선언문은 우리에게 더는 수정할 권리가 없는 역사적 자료물이다. 추후에 나올 판에서는 1847년부터 현재까지 시간적 공백을 메워 줄 서문이 실릴지 모르겠으나, 지금은 너무 급작스럽게 본 서문을 쓰게 되어 그럴 시간이 없다는 점 양해해 주기 바란다.

1872년 6월 24일, 런던
카를 마르크스, 프리드리히 엥겔스

2. 1883년 러시아어 판 서문

『공산당 선언』의 러시아어 초판은 바쿠닌A. Bakunin의
번역으로 1860년대 초에 콜로콜 인쇄소[18]에서 출간되었다.
당시 서유럽 사람들은 이 러시아어 판을 문헌적 희귀본의
의미로밖에 보지 않았다. 그러나 이런 견해는 오늘날 더는
가당치 않다.

당시(1847년 12월) 프롤레타리아 운동이 얼마나 제한된
지역에서만 전개되었는지는 선언의 마지막 장 〈각종
반정부 세력들에 대한 공산주의자의 입장〉에서 극명히
드러난다. 그러니까 이 장에는 러시아와 미합중국이 빠져
있었던 것이다. 당시 러시아는 유럽 반동주의의 마지막
거대한 보루였고, 미합중국은 이주를 받아들임으로써
유럽 프롤레타리아트의 넘치는 힘을 빨아먹고 있었다.
또한 두 나라는 유럽의 원료 공급국인 동시에 산업
생산품의 시장이었다. 결국 이들 나라는 이런저런
방식으로 유럽의 기존 질서를 지탱하는 기둥이었다.

하지만 오늘날엔 얼마나 달라졌는가! 유럽인들의 이주 덕분에 북아메리카의 농업 생산은 눈부신 성장을 이루어 냈고, 반면에 유럽에서는 대지주건 중소 지주건 북아메리카 농산품과의 경쟁으로 그 토대가 흔들거렸다. 또한 유럽인들의 이주로 미합중국은 지금까지 서유럽의 산업적 독점, 특히 영국의 독점을 단시간 안에 무너뜨릴 만큼 힘차게 산업용 자원들을 대규모로 개발할 수 있게 되었다. 이 두 가지 상황이 아메리카에도 혁명적 숨결을 불어넣었다. 즉 아메리카 정치 체제의 근간을 이루는 중소 농장들이 거대 농장과의 경쟁에서 차례로 무릎을 꿇었고, 동시에 산업 지역에서는 자본이 유례없는 규모로 집중되면서 거대한 프롤레타리아 계급이 처음으로 형성되기 시작한 것이다.

이제 러시아로 가보자! 1848년 혁명이 진행되는 동안 유럽의 제후들뿐 아니라 부르주아들까지 러시아의 개입을, 막 깨어난 프롤레타리아트로부터 자신들을 지켜 줄 유일한 구원책으로 생각했다. 하지만 유럽 반동 세력의 우두머리로 천명되었던 그 차르가 지금은 가치나[19]에 혁명전쟁의 포로로 유폐되어 있고, 러시아는 유럽 혁명 운동의 선봉에 서 있다.

공산당 선언의 사명은 불가피하게 임박한, 근대

부르주아적 소유의 해체를 선포하는 것이다. 그런데 러시아에서는 자본주의가 어지러울 만큼 빠르게 성장하고 부르주아적 토지 소유도 막 늘어나고 있지만, 토지의 절반 이상이 여전히 농민의 공동 소유다. 그렇다면 이런 의문이 생긴다. 기반은 무척 허약하지만 토지 공동 소유의 원시적인 형태라 할 수 있는 러시아의 이 마을 공동체는 고차원적인 공산주의적 공동 소유의 형태로 직접 넘어갈 수 있을까? 아니면 서유럽의 역사 발전에서 전개된 것과 같은 해체 과정을 먼저 거쳐야 할까?

현재 이에 대한 유일한 답은 다음과 같다. 만일 러시아 혁명이 서유럽 프롤레타리아 혁명의 신호탄이 되고, 그 결과 두 혁명이 서로 보완한다면 지금 러시아에서 유지되는 토지 공동 소유는 공산주의 발전의 시발점이 될 수 있다는 것이다.

1882년 1월 21일, 런던

카를 마르크스, 프리드리히 엥겔스

3. 1883년 독일어 판 서문

안타깝게도 이번 판의 서문은 필자 혼자 서명할 수밖에
없다. 유럽과 아메리카의 전 노동자 계급이 그 누구보다도
큰 신세를 진 인물인 카를 마르크스가 지금은 하이게이트
묘지에 잠들어 있기 때문이다. 그의 묘지에는 벌써 잔디가
파릇파릇 올라오고 있다. 마르크스가 죽은 이상 이제
『공산당 선언』의 개정이나 보완은 정말 생각할 수 없는
일이 되었다. 따라서 지금 시점에서는 이 자리에서 다시 한
번 다음 내용을 분명히 확인하고 넘어가는 것이 보다 더
필요한 일이라고 생각한다.

공산당 선언을 관통하는 근본 사상은 이렇다. 각 역사
시기의 경제적 생산과 그것의 필연적 산물인 사회
구조는 각 시기의 정치적 지적 역사의 근간을 이룬다. 그
근간을 면밀히 분석해 보면 인류의 전 역사는 (원시적
토지 공동 소유의 해체 이후) 계급 투쟁의 역사였다. 즉
사회 발전의 다양한 단계마다 피착취 계급과 착취 계급,

피지배 계급과 지배 계급 사이에서는 끊임없이 투쟁이 벌어졌다는 말이다. 그러다 지금 이 투쟁은 전 사회를 이러한 착취와 억압, 계급 투쟁에서 영원히 해방시키지 않고는 착취당하고 억압받는 계급(프롤레타리아트)이 자신들을 착취하고 억압하는 계급(부르주아지)으로부터 해방될 수 없는 단계에 이르렀다. 이러한 근본 사상은 모두 마르크스의 머리에서 나온 것이다.

필자는 이런 말을 다른 데서도 이미 여러 차례 했지만, 바로 지금이 『공산당 선언』 서두에서 밝힐 적절한 시점이라고 생각한다.

1883년 6월 28일, 런던
프리드리히 엥겔스

4. 1888년 영어 판 서문

『공산당 선언』은 1848년 이전 유럽 대륙의 정치
상황에서는 비밀 조직일 수밖에 없었던 공산주의자
동맹, 즉 처음에는 독일노동자협회였다가 나중에는
국제노동자협회로 확대된 조직의 강령으로 출간되었다.

1847년 11월 런던에서 개최된 공산주의자 동맹 대회에서
완벽한 이론적 실천적 당 강령의 출간을 준비하라는
주문이 마르크스와 엥겔스에게 내려졌다. 독일어로
작성된 이 원고는 1848년 1월, 그러니까 〈프랑스 2월
24일 혁명〉이 일어나기 불과 몇 주 전에 인쇄를 위해
런던으로 보내졌다. 프랑스 번역본은 〈1848년 6월 봉기〉
직전에 파리에서 출간되었고, 헬렌 맥팔레인이 번역한 첫
영어 번역본은 1850년 런던에서 조지 줄리언 하니George
Julian Harney가 운영하는 『붉은 공화주의자』에 실렸다.
덴마크어와 폴란드어 판도 차례로 출간되었다.
프롤레타리아트와 부르주아지 사이의 첫 대규모

충돌이라고 할 〈1848년 6월 파리 봉기〉가 진압됨으로써
유럽 노동자 계급의 사회 정치적 염원은 당분간 다시
수면 아래로 가라앉을 수밖에 없었다. 그 이후에는 2월
혁명 이전 시기처럼 유산 계급의 여러 집단들 사이에서만
주도권 쟁탈전이 벌어졌다. 노동자 계급의 투쟁은
기껏해야 얼마간의 정치적 자유를 얻기 위한 투쟁으로
제한되었고, 노동자 계급의 위상도 급진 부르주아 내에서
극좌파 진영으로 축소되었다. 독자적인 프롤레타리아
운동이 계속 생명의 신호를 보낼 때면 여지없이 무자비한
진압이 가해졌다. 이렇게 해서 프로이센 경찰은 당시
쾰른에 소재지를 둔 공산주의자 동맹의 중앙위원회
본거지를 덮쳤다. 체포된 위원들은 18개월의 구금
끝에 1852년 10월 법정에 세워졌다. 이 유명한 〈쾰른
공산주의자 재판〉은 10월 4일부터 11월 12일까지
진행되었는데, 구속자 가운데 일곱 명은 3년에서 6년까지
성채 지하 감옥 금고형을 선고받았다. 이 선고 직후
공산주의자 동맹은 아직 남은 위원들에 의해 형식적으로
해체되었다. 공산당 선언의 입장에서 보자면 그때부터
〈선언〉은 어쩔 수 없이 망각의 늪에 빠질 운명에 처해진
것처럼 보였다.
유럽 노동자 계급이 지배 계급에 새로운 공격을 가할 만큼

충분한 힘을 다시 모았을 때 국제노동자협회가 탄생했다. 그런데 이 협회는 투쟁 의지를 갖춘 유럽과 아메리카의 전 프롤레타리아트를 하나의 대오로 단단히 결집시키려는 것이 목표였기에 『공산당 선언』에 명기된 원칙들을 바로 천명할 수는 없었다. 결국 이 인터내셔널의 강령은 영국의 노동조합들과 프랑스, 벨기에, 이탈리아, 스페인의 프루동 추종자들, 그리고 독일 라살 파Lassalle 派까지 받아들일 수 있을 만큼 포괄적이어야 했다. 모든 정파가 만족할 만한 수준으로 이 강령을 작성한 마르크스는 노동자 계급의 지적 발전, 즉 단결된 행동과 공동 토론의 과정에서 필연적으로 생겨날 수밖에 없는 지적 발전을 확고하게 믿었다. 다시 말해, 사람들은 자본과의 투쟁 과정에서 발생한 여러 사건과 부침浮沈, 그리고 승리보다 훨씬 많은 패배를 통해 그전까지 쉽게 의지하던 몇몇 엉터리 처방의 불충분함을 뼈저리게 느낄 뿐 아니라 노동자 계급의 해방을 위한 진정한 전제 조건을 완벽하게 인식하는 길로 나아갈 수밖에 없다는 것이다. 역시 마르크스가 옳았다. 1874년 인터내셔널이 와해되었을 때, 인터내셔널이 창건된 1864년 당시와는 전혀 다른 종류의 노동자들이 남겨졌으니 말이다. 프랑스의 프루동주의와 독일의 라살주의는 사멸되어 가는 중이었고, 영국의 보수적

143

노동조합도 비록 그들 다수가 인터내셔널과의 관계를
끊은 지 벌써 오래되었음에도 의장이 작년에 스완지에서
조합 이름으로 〈우리에게 대륙의 사회주의는 더는
두려움의 대상이 아니다〉라고 선언할 정도로 점차 좋은
방향으로 나아갔다. 실제로 공산당 선언의 원칙들은 만국
노동자들 사이에서 엄청난 진전을 일구어 냈다.

이런 식으로 공산당 선언은 다시 전면에 등장했다. 독일어
본은 1850년 이후 스위스와 영국, 아메리카에서 여러 차례
새로 찍었고, 1872년에는 영어로 번역되어 뉴욕의『우드헐
앤 클래플린 위클리*Woodhull & Claflin's Weekly*』에 실렸으며,
이 영어본을 토대로 번역된 프랑스어본도 뉴욕의
『사회주의자』에 게재되었다. 이후 아메리카에서는 어느
정도씩 왜곡된 채로 최소한 두 종류의 번역본이 더 나왔고,
그중 하나는 영국에서 증쇄를 찍었다. 바쿠닌이 번역한
러시아어 첫 번역본은 1863년경 제네바에 있는 헤르첸A.J.
Herzen의 콜로콜 인쇄소에서 나왔고, 용감무쌍한 베라
자술리치Vera Sassulitsch가 번역한 두 번째 러시아어본 역시
1882년에 제네바에서 출간되었다. 덴마크 새 번역본은
1885년 코펜하겐에서『사회민주주의 총서*Socialdemokratisk
Bibliotek*』에 실렸고, 프랑스어 새 번역본은 1886년 파리에서
『사회주의자』에 게재되었다. 이 프랑스어본을 토대로

번역된 스페인어본은 1886년에 마드리드에서 출간되었다. 독일어본은 몇 쇄를 찍었는지 정확히 알 수 없으나, 모두 합쳐 최소 12쇄는 될 듯하다. 몇 개월 전 콘스탄티노플에서 출간될 예정이던 아르메니아어 번역본은 세상의 빛을 보지 못했다. 듣기로, 출판업자는 마르크스의 이름이 새겨진 책을 출간할 용기가 없었고, 번역자도 작품에 자기 이름이 적히는 것을 거부했기 때문이라고 한다. 그밖에 또 다른 언어로도 번역되었다는 말은 들었지만, 그 번역본을 직접 보지는 못했다. 이렇듯 공산당 선언의 역사는 근대 노동 운동의 역사를 상당 수준으로 반영하고 있다. 현 시점에서 공산당 선언이 전체 사회주의 문헌 중에서 가장 널리 보급된 가장 국제적인 작품이고, 시베리아에서 캘리포니아까지 수백만 노동자들에게 인정받는 공동 강령임은 의심의 여지가 없다.

그런데 이 선언문을 쓸 때 우리는 이를 〈사회주의 선언〉이라 부를 수 없었다. 1847년 당시 사회주의자는 다음의 두 부류로 이해되었기 때문이다. 첫 번째 부류는 서서히 소멸되어 가는 종파로 쪼그라들어 버린 영국의 오언주의자나 프랑스의 푸리에주의자들처럼 여러 유토피아적 시스템의 추종자들이었고, 두 번째 부류는 자본과 이윤은 조금도 위험에 빠뜨리지 않으면서 온갖 사회적 폐단을 제거하겠다고 약속하는 무척 다양한 사회 복지 계열의 돌팔이들이었다. 이 두 부류는 노동자 운동의 바깥에 서서, 노동자가 아닌 오히려 〈교양〉 계급에 지원을 구하는 이들이었다. 따라서 당시에는 단순한 정치적 변혁만으로는 불충분하다는 사실을 확신하는 가운데 총체적 사회 개조의 필요성을 요구하는 일부 노동자 계급만이 스스로를 공산주의자라 불렀다. 이는 아직 거칠고 다듬어지지 않은, 순수 본능적인 형태의 공산주의였지만 요체는 적확했고, 프랑스의 카베E. Cabet나 독일의 바이틀링C.W. Weitling과 같은 유토피아적 공산주의를 만들어 내기에 충분할 만큼 노동자 계급 사이에서 힘을 얻었다. 이렇듯 1847년 당시 사회주의는 중간 계급의 운동이었고, 공산주의는 노동자 계급의 운동이었다. 또한 적어도 대륙에서는 사회주의의 이미지가 꽤 괜찮았던 반면에 공산주의는 결코 그렇지 않았다. 우리는 〈노동자 계급의 해방은 노동자 계급 자신의 손으로 이루어져야 한다〉는 견해를 처음부터 철저하게 고수해 왔기에 두 이름 가운데 어느 것을 선택할지에 대해선 한 치의 망설임도 없었다. 그뿐 아니라 이후에도 이 용어와 결별하는 것은 상상조차 해보지 않았다.

공산당 선언이 우리 두 사람의 공동 생산물임에도 나는 이

선언문의 핵심을 이루는 근본 사상이 마르크스의 것임을
밝혀 두지 않을 수 없다. 이 근본 사상의 핵심은 이렇다.
모든 역사 시기에서는 경제 영역의 주도적인 생산 방식과
교환 방식 그리고 이 둘에서 필연적으로 생성될 수밖에
없는 사회 구조가 각 시대의 정치적 지적 역사의 근간이자
그 역사를 설명하는 유일한 토대이다. 이 근간을 면밀히
분석해 보면 인류의 전 역사는 (토지를 공동 소유하던
원시 부족 사회의 해체 이후) 계급 투쟁의 역사였다. 즉
착취 계급과 피착취 계급, 지배 계급과 피지배 계급 사이의
투쟁이었다. 계급 투쟁의 역사는 일련의 발전 과정을
거치는데, 현 상태는 전 사회를 모든 착취와 억압, 계급
투쟁에서 영원히 해방시키지 않고는 착취당하고 억압받는
계급(프롤레타리아트)이 자신을 착취하고 억압하는
계급(부르주아지)으로부터 해방될 수 없는 단계에
이르렀다.

내가 보기에 이 사상은 다윈의 이론이 자연 과학의 진보에
초석을 놓은 것처럼 역사학의 진보에 초석을 놓으라는
소명을 받은 것처럼 보였는데, 우리 두 사람은 1845년
수년 전부터 벌써 이 사상에 서서히 접근하고 있었다.
개인적으로 내가 이 방향으로 얼마만큼 나아갔는지는
내가 쓴 『영국 노동자 계급의 상황*Die Lage der arbeitenden*

Klasse in England』에 아주 잘 드러난다. 그런데 1845년 내가 브뤼셀에서 마르크스를 다시 만났을 때 그는 이미 이 사상을 완성한 상태였고, 내가 위에서 요약한 것과 거의 똑같은 말로 명확하게 설명해 주었다.

1872년의 독일어 판에 붙인 우리의 공동 서문에서 다음 부분을 인용한다.

〈지난 25년 동안 상황이 아무리 변했다고 하더라도 이 선언에서 개진된 보편적 원칙들은 전체적으로 볼 때 오늘날에도 온전히 유효하다. 물론 세부적으로 손봐야 할 구석은 있다. 공산당 선언 자체가 천명하고 있듯이, 이 원칙의 실천적 적용은 언제 어디서건 역사적으로 주어진 상황에 좌우되고, 그 때문에 제Ⅱ장 마지막 대목에서 제안한 혁명적 조치들에 특별한 비중을 둘 필요는 없다. 이 문구들은 오늘날 많은 점에서 다른 의미로 들릴 수 있다. 지난 25년 동안 어마어마하게 성장한 대공업, 그에 발맞춰 진일보한 노동자 계급의 당 조직 그리고 2월 혁명을 시발점으로 프롤레타리아트가 처음으로 두 달 동안 정치권력을 장악한 파리 코뮌 같은 진일보한 실천적 경험들을 고려하면 오늘날 이 강령은 이미 군데군데 낡은 것이 되어 버렸다. 특히 〈노동자 계급에게는 기존 국가 기구를 장악한 뒤 자기 목적에

따라 운영할 능력이 없다〉는 사실은 파리 코뮌을 통해
여실히 증명되었다(『프랑스 내전. 국제노동자협회
총평의회 성명서』 독일어 판 19쪽 참조. 이와 관련된
내용이 자세히 설명되어 있다). 게다가 사회주의 문헌들에
대한 비판도 1847년까지 출간된 문헌들만을 대상으로
했기에 지금의 시점으로 보면 당연히 미흡할 수밖에 없다.
마찬가지로 제IV장에서 기술된, 각종 반정부 세력들에
대한 공산주의자의 입장도 그 원칙에 있어서는 여전히
타당하지만 실천 면에서는 정치 상황이 총체적으로
바뀌었고, 그간의 역사 발전을 통해 당시 나열된 정당
대부분이 세상에서 사라졌기에 이미 낡은 것으로 변했다는
149
사실 또한 지극히 당연하다.
그럼에도 이 선언문은 우리에게 더는 수정할 권리가 없는
역사적 자료물이다.〉
이 영어 본은 마르크스의 『자본론Das Kapital』 대부분을
번역한 새뮤얼 무어Samuel Moore의 작품이다. 우리는 함께
원고를 세심하게 검토했고, 나는 역사적인 숨은 맥락을
설명하기 위해 주석을 몇 개 달았다.

1888년 1월 30일, 런던
프리드리히 엥겔스

직전의 독일어 판 서문을 쓴 이후 『공산당 선언』의 새
독일어 판이 필요해졌고, 이 선언문과 관련해서 갖가지
일이 있었다. 그것들을 여기서 언급하겠다.

베라 자술리치가 번역한 두 번째 러시아어 번역본은
1882년 제네바에서 출간되었다. 이 번역본에 대한 서문은
마르크스와 내가 썼는데, 안타깝게도 내가 갖고 있던
독일어 원본이 사라져 러시아어 본을 거꾸로 번역할
수밖에 없었다. 그렇기에 예전 것에 비해 진전을 기대할
수는 없다. 어쨌든 역으로 번역한 것은 다음과 같다.

『공산당 선언』의 러시아어 초판은 바쿠닌의 번역으로
1860년대 초에 콜로콜 인쇄소에서 출간되었다. 당시
서유럽 사람들은 이 러시아어 판을 문헌적 희귀본의
의미로밖에 보지 않았다. 그러나 이런 견해는 오늘날
더 이상 가당치 않다. 당시(1847년 12월) 프롤레타리아

운동이 얼마나 제한된 지역에서만 전개되었는지는 선언의
마지막 장 〈각종 반정부 세력들에 대한 공산주의자의
입장〉에서 극명히 드러난다. 그러니까 이 장에는 러시아와
미합중국이 빠져 있었던 것이다. 당시 러시아는 유럽
반동주의의 마지막 거대한 보루였고, 미합중국은 이주를
받아들임으로써 유럽 프롤레타리아트의 넘치는 힘을
빨아먹고 있었다. 또한 두 나라는 유럽의 원료 공급국인
동시에 산업 생산품의 시장이었다. 결국 이들 나라는
이런저런 방식으로 유럽의 기존 질서를 지탱하는
기둥이었다.

하지만 오늘날엔 얼마나 달라졌는가! 유럽인들의
이주 덕분에 북아메리카의 농업 생산은 눈부신 성장을
이루어 냈고, 반면에 유럽에서는 대지주건 중소 지주건
북아메리카 농산품과의 경쟁으로 그 토대가 흔들거렸다.
또한 유럽인들의 이주로 미합중국은 지금까지 서유럽의
산업적 독점, 특히 영국의 독점을 단시간 안에 무너뜨릴
만큼 힘차게 산업용 자원들을 대규모로 개발할 수 있게
되었다. 이 두 가지 상황이 아메리카에도 혁명적 숨결을
불어넣었다. 즉 아메리카 정치 체제의 근간을 이루는
중소 농장들이 거대 농장과의 경쟁에서 차례로 무릎을
꿇었고, 동시에 산업 지역에서는 자본이 유례없는 규모로

집중되면서 거대한 프롤레타리아 계급이 처음으로
형성되기 시작한 것이다.

이제 러시아로 가보자! 1848년 혁명이 진행되는 동안
유럽의 제후들뿐 아니라 부르주아들까지 러시아의
개입을, 막 깨어난 프롤레타리아트로부터 자신들을 지켜
줄 유일한 구원책으로 여겼다. 하지만 유럽 반동 세력의
우두머리로 천명되었던 그 차르가 지금은 가치나에
혁명전쟁의 포로로 유폐되어 있고, 러시아는 유럽 혁명
운동의 선봉에 서 있다.

공산당 선언의 사명은 불가피하게 임박한, 근대
부르주아적 소유의 해체를 선포하는 것이다. 그런데
러시아에서는 자본주의가 어지러울 만큼 빠르게 성장하고
부르주아적 토지 소유도 막 늘어나고 있지만, 토지의
절반 이상이 여전히 농민의 공동 소유다. 그렇다면 이런
의문이 생긴다. 기반은 무척 허약하지만 토지 공동 소유의
원시적인 형태라 할 수 있는 러시아의 이 마을 공동체는
고차원적인 공산주의적 공동 소유의 형태로 직접 넘어갈
수 있을까? 아니면 서유럽의 역사 발전에서 전개된 것과
같은 해체 과정을 먼저 거쳐야 할까?

현재 이에 대한 유일한 답은 다음과 같다. 만일 러시아
혁명이 서유럽 프롤레타리아 혁명의 신호탄이 되고,

그 결과 두 혁명이 서로 보완한다면 지금 러시아에서
유지되는 토지 공동 소유는 공산주의 발전의 시발점이 될
수 있다는 것이다.
1882년 1월 21일, 런던

폴란드어 새 번역본 『공산당 선언 *Manifest komunistyczny*』도
같은 시기에 제네바에서 출간되었다.
게다가 덴마크어 새 번역본은 1885년 코펜하겐에서
『사회민주주의 총서』에 실렸다. 그런데 유감스럽게도
이 번역본은 만족스럽지 못하다. 번역자에게 어렵게
느껴진 몇몇 핵심적인 부분은 아예 생략되었을 뿐 아니라
날림으로 번역한 흔적도 간간이 눈에 띄기 때문이다.
번역자가 좀 더 주의를 기울였다면 탁월한 번역이 나올 수
있었을 것 같다는 생각이 들기에 더더욱 마음이 좋지 않다.
프랑스어 새 번역본은 1886년 파리의 『사회주의자』에
실렸는데, 지금까지 출간된 작품 중에서 가장 번역이 좋다.
이어 같은 해에 스페인어 번역본이 마드리드의
『사회주의자 *El Socialista*』에 처음 실렸고, 그 뒤 팸플릿
형태 *Manifiesto del Partido Comunista, por Carlos Marx y F. Engels, Madrid,
Administración de El Socialista, Hernán Cortés 8*로도 출간되었다.
한 가지 희한한 일을 언급하자면, 1887년 아르메니아어

번역 원고가 콘스탄티노플의 한 출판업자 손에 넘어갔는데, 이 순진한 남자는 마르크스의 이름이 적힌 책을 출간할 용기가 없어 그냥 역자 이름을 저자로 내자고 제안했으나 역자가 이를 거부했다고 한다.

정도의 차이만 있을 뿐 어느 정도씩 오류가 존재하는 영어 번역본들이 영국에서 차례로 출간된 끝에 마침내 1888년에 믿을 만한 번역본이 나왔다. 내 친구 새뮤얼 무어가 번역한 작품인데, 우리 두 사람은 이것을 인쇄에 맡기기 전 다시 한 번 꼼꼼히 검토했다. 이 책의 제목은 다음과 같다. 『공산당 선언』, 카를 마르크스, 프리드리히 엥겔스 저(엥겔스가 감수하고 주석을 단 영어 번역, 1888년, 런던)*Manifesto of the Communist Party*, by Marx and Frederick Engels. Authorized English Translation, edited and annotated by Frederick Engels, 1888, London, William Reeves, 185 Fleet St. E. C. 나는 이 번역본에 붙인 주석 몇 개를 이 책에도 그대로 옮겨 적었다.

공산당 선언도 나름의 역사가 있다. (최초의 서문에 열거된 번역본들이 증명하듯) 이 선언문은 세상에 나오자마자 당시까지 아직 소수에 불과하던 과학적 사회주의의 전위 조직들로부터 열광적인 환영을 받았지만, 얼마 안 가 1848년 6월 파리 노동자 봉기의 패배와 함께 시작된 역사의 반동으로 뒷전으로 밀려났으며, 1852년 11월 쾰른

공산주의자들에 대한 유죄 판결을 통해 〈법적으로도〉
파문 선고를 받았다. 이로써 2월 혁명에서 비롯된 노동
운동의 공식적인 무대 퇴장과 함께 공산당 선언도
영향력을 상실했다.

그러다 유럽 노동자 계급이 지배 계급에 새로운 공격을
가할 만큼 충분한 힘을 다시 모았을 때 국제노동자협회가
탄생했다. 이 협회는 투쟁 의지를 갖춘 유럽과 아메리카의
전 프롤레타리아트를 하나의 거대한 군단으로 융합시키는
것이 목표였다. 그래서 〈선언〉에 명기된 원칙들을
출발점으로 삼을 수는 없었다. 결국 협회는 영국의
노동조합들과 프랑스, 벨기에, 이탈리아, 스페인의 프루동
추종자들 그리고 독일의 라살주의자들에게도 문을
닫지 않는 강령을 만들어야 했다. 마르크스가 설계한
이 강령에는 인터내셔널 정관의 기저를 이루는 깊은
숙고가 담겨 있었는데, 바쿠닌과 무정부주의자들조차 그
아이디어의 탁월함을 인정하지 않을 수 없었다. 〈선언〉에
열거된 명제들의 궁극적인 승리를 위해 마르크스는 단결된
행동과 토론 과정에서 필연적으로 생겨날 수밖에 없는,
노동자 계급의 지적 발전에 전적으로 신뢰를 보냈다. 다시
말해, 자본과의 투쟁 과정에서 발생하는 여러 사건과
부침浮沈들, 그리고 승리보다 훨씬 많이 겪게 될 패배를

통해 노동자들은 그때까지 만병통치약으로 알고 있던 엉터리 이론들의 불충분성을 통감하고, 노동자 해방의 진정한 조건을 철저히 깨닫게 되리라는 것이다. 역시 마르크스가 옳았다. 1874년 인터내셔널이 와해되었을 때, 인터내셔널이 창건된 1864년 당시와는 전혀 다른 종류의 노동자들이 남겨졌으니 말이다. 라틴계 국가들의 프루동주의와 독일의 특수한 라살주의는 사멸 중이었고, 영국의 골수 보수적인 노동조합들조차 그 의장이 1887년 스완지에서 노동조합의 이름으로 〈우리에게 대륙의 사회주의는 더는 두려움의 대상이 아니다〉라고 선언하는 지점에까지 이르렀다. 하지만 대륙의 사회주의는 1887년까지만 해도 아직 〈선언〉에서 천명된 이론에 거의 지나지 않았다. 이렇듯 공산당 선언의 역사는 1848년 이후 근대 노동 운동의 역사를 상당한 수준까지 반영하고 있다. 현 시점에서 공산당 선언은 전체 사회주의 문헌 중에서 가장 널리 보급된 가장 국제적인 작품이고, 시베리아에서 캘리포니아까지 수백만 노동자들에게 인정받는 공동 강령임은 의심의 여지가 없다.

그런데 공산당 선언이 나왔을 때 우리는 이것을 〈사회주의〉 선언이라 부를 수 없었다. 1847년 당시 사회 주의자는 다음 두 부류로 이해되었다. 첫 번째 부류는

서서히 소멸되어 가는 종파로 쪼그라들어 버린 영국의
오언주의자나 프랑스의 푸리에주의자들처럼 여러
유토피아적 시스템의 추종자들이었고, 두 번째 부류는
자본과 이윤에는 조금도 위해를 가하지 않으면서
다양한 만병통치약과 온갖 미봉책으로만 사회적
폐단을 제거하려는 무척 다양한 사회 복지 계열의
돌팔이들이었다. 이 두 부류는 노동자 운동의 바깥에
서서, 노동자가 아닌 오히려 〈교양〉 계급에 지원을 구하는
이들이었다. 따라서 당시에는 단순한 정치적 변혁만으로는
불충분하다는 사실을 확신하면서 총체적 사회 개조의
필요성을 요구하는 일부 노동자 계급만이 스스로를
〈공산주의자〉라 불렀다. 이것은 아직 다듬어지지 않았고
본능적이고, 때로는 약간 조야한 공산주의였지만,
프랑스에서 카베의 〈이카리아〉 공산주의와 독일에서
바이틀링 공산주의 같은 두 가지 유토피아적 공산주의
시스템을 만들어 낼 정도로 강력했다. 이처럼 1847년 당시
사회주의는 부르주아 운동을, 공산주의는 노동자 운동을
의미했다. 또한 적어도 대륙에서는 사회주의의 이미지가
꽤 괜찮았던 반면에 공산주의는 정반대였다. 우리는
당시에 벌써 〈노동자 계급의 해방은 노동자 계급 자신의
손으로 이루어져야 한다〉는 견해를 철저하게 고수했기에

두 이름 중 어느 것을 선택할지에 대해선 한 치의 망설임도 없었다. 그뿐 아니라 이후에도 이 용어를 버리는 것은 상상조차 해보지 않았다.

〈만국의 프롤레타리아여, 단결하라!〉 지금으로부터 42년 전 프롤레타리아트가 처음으로 자기 요구를 들고 나왔던 파리 혁명 전야에 우리가 세계를 향해 이 말을 외쳤을 때만 해도 이에 호응한 목소리는 몇 되지 않았다. 그러던 것이 1864년 9월 28일, 지금 생각해도 영광스런 기억인데 대다수 서유럽 국가의 프롤레타리아들이 국제노동자협회의 기치 아래 하나로 뭉쳤다. 물론 이 인터내셔널은 9년밖에 존속하지 못했다. 그럼에도 이 인터내셔널이 초석을 놓은 만국 프롤레타리아트의 영원한 동맹은 아직 살아 있을 뿐 아니라 과거 어느 때보다 힘이 넘쳤다. 이 사실에 대한 가장 뚜렷한 증거는 바로 오늘날이다. 왜냐하면 내가 이 글을 쓰고 있는 지금, 서유럽과 미국의 프롤레타리아트는 처음 동원한 자신의 전력을 사열하고 있기 때문이다. 〈하나의〉 깃발과 〈하나의〉 당면 목표 아래 모인 〈하나의〉 군대를 말이다. 여기서 당면 목표는 1866년에 인터내셔널 제네바 대회에서 이미 선포되었고 1889년 파리 노동자 대회에서 다시 선포된 것으로, 하루 기준 8시간 노동을 법적으로 확립하는 것이었다. 전 세계 자본가와 지주들은 오늘날 이 광경을 보면서 만국 프롤레타리아가 실제로 단결했다는 사실을 분명히 깨달을 것이다.

아, 마르크스가 내 옆에 서서 이 광경을 함께 지켜보았더라면!

1890년 5월 1일, 런던

프리드리히 엥겔스

새 폴란드어 판『공산당 선언』이 필요해졌다는 사실은
여러 가지 생각을 하게 한다.

우선 특기할 만한 것은 최근에 공산당 선언이 유럽
대륙에서 대공업 발전의 척도가 되었다는 사실이다. 다시
말해, 한 나라에서 대공업이 발달한 정도에 따라
그 나라의 노동자들 사이에서 유산 계급에 대한 노동자
계급으로서 자신들의 위치에 대한 계몽적 욕구가 커지고,
사회주의 운동이 확산되고, 그와 함께『공산당 선언』에
대한 수요도 증가한다는 것이다. 그래서 각 나라 언어로
보급된『공산당 선언』의 부수를 보면 그 나라에서 노동자
운동이 얼마나 확산되고 있는지, 대공업이 얼마나
발달했는지 꽤 정확히 파악할 수 있다.

따라서 새 폴란드어 판이 필요해졌다는 사실은 폴란드
공업이 획기적으로 발전했다는 것을 의미한다.

이 발전이 실제로 10년 전 〈선언〉 마지막 판이 나온

이후에 이루어졌다는 사실은 의심의 여지가 없다.

러시아령 폴란드, 즉 폴란드 입헌 왕국[20]은 러시아
제국의 거대한 공업 지구가 되었다. 러시아 대공업은
여기저기 산재되어 있었던 데 반해, 다시 말해 핀란드 만
연안과 모스크바나 블라디미르 같은 제국 중심부,
또는 흑해와 아조프 해 연안, 그리고 다른 일부 지역에
뿔뿔이 흩어져 있었던 데 반해 폴란드 대공업은
상대적으로 좁은 공간에 밀집되어 있었고, 이런 집중에서
비롯된 장단점을 충분히 누렸다. 집중화의 장점은 경쟁
상대인 러시아 공장주들이 폴란드에 대해 보호 관세를
당국에 요청한 것에서 분명히 드러난다. 폴란드인을
러시아인으로 바꾸는 것이 그들의 간절한 소망이었음에도
말이다. 반면에 집중화의 단점은 폴란드 공장주와
러시아 정부에 해당되는 것으로 폴란드 노동자들
사이에서 사회주의 이념이 급속히 번지고 『공산당
선언』에 대한 수요가 빠르게 증가하고 있다는 사실이다.
러시아의 공업 발전을 훌쩍 뛰어넘는 폴란드 공업의
급속한 발전은 폴란드 입장에서 보자면 폴란드
민족의 끈질긴 생명력의 새로운 증거이자, 임박한
국가 재건의 새로운 보장이다. 그런데 폴란드를
강한 독립 국가로 재건하는 것은 폴란드인만의 문제가

아닌 우리 모두와 관련이 있는 문제이다. 유럽 제
민족의 진정한 국제적 협력은 모든 민족이 자기 국가
안에서 완벽하게 자율적으로 움직일 수 있을 때에만
가능하기 때문이다. 1848년의 혁명은 결과적으로
프롤레타리아 전사들이 프롤레타리아의 기치 아래
부르주아지의 일만 하게 된 것에 지나지 않지만,
그 유언 집행자인 루이 보나파르트Louis Bonaparte와
비스마르크Otto von Bismarck에 의해 이탈리아와 독일,
헝가리가 독립을 얻은 것은 사실이다. 그런데 폴란드는
1792년 이후 혁명을 위해 이 세 나라를 합친 것보다 더
많은 일을 했음에도 1863년 열 배나 더 강한 러시아의
힘에 눌려 무릎을 꿇었을 때 사람들은 팔짱을 끼고
구경만 했다. 폴란드 귀족은 폴란드의 독립을 유지할
능력도, 다시 쟁취할 능력도 없었다. 부르주아에게도
오늘날 폴란드 독립이란 이래도 그만 저래도 그만인
사안에 지나지 않는다. 그러나 폴란드 독립은 유럽
민족들의 조화로운 협력을 위해 반드시 필요하다.
그것은 신생 폴란드 프롤레타리아 계급에 의해서만
쟁취될 수 있고, 그들의 손안에서만 안전하게
유지될 수 있다. 이유는 분명하다. 폴란드 노동자들
자신만큼이나 유럽의 나머지 노동자들도 폴란드

독립을 간절히 원하기 때문이다.

1892년 2월 10일, 런던
프리드리히 엥겔스

7. 1893년 이탈리아어 판 서문

『공산당 선언』의 출간일은 밀라노와 베를린에서 혁명이
일어난 1848년 3월 18일과 거의 일치한다. 즉 지금까지
영토 분열과 내적 분쟁으로 약화되어 타국의 예속하에 있던
두 민족이 각각 유럽 중심부와 지중해 연안 중심부에서
일으킨 봉기일과 거의 정확하게 일치한다는 말이다.
이탈리아가 오스트리아 황제에 예속되어 있었다면,
독일은 비록 이탈리아만큼 직접적이지는 않지만 모든
러시아인들의 황제인 차르가 씌운, 이탈리아보다
결코 가볍지 않은 멍에에 짓눌려 있었다. 1848년 3월
18일 혁명의 여파로 이탈리아와 독일은 이런 치욕에서
해방되었다. 이 거대한 두 국가가 1848년부터 1871년
사이에 재건되어 어느 정도 자율성을 확보했다면 그것은
카를 마르크스의 말대로, 〈1848년 혁명〉을 진압한 바로
그 사람들이 나중에 자기 뜻과는 달리 이 혁명의 유언
집행자 노릇을 했기 때문이다.

당시 혁명은 어디서건 노동자 계급의 과업이었다. 그들은
바리케이드를 치고 목숨을 내걸었다. 그중에서도 파리
노동자들은 부르주아지 체제를 타도하겠다는 명백한
의도하에 정부 타도에 나섰다. 하지만 그들이 아무리
자기 계급과 부르주아지 사이의 불가피한 적대 관계를
인식했다손 치더라도 프랑스의 경제적 발전 수준은
물론이고 노동자 대중의 정신적 발전 수준도 사회 일체를
개조할 정도에까지 이르지는 못한 상태였다. 그렇기에
혁명의 열매는 결국 자본가 계급의 손에 들어갈 수밖에
없었다. 게다가 다른 나라들, 즉 이탈리아와 독일,
오스트리아 노동자들은 아예 처음부터 부르주아지를
권좌로 밀어 올리는 일밖에 하지 않았다. 그런데 어떤
나라도 국가의 독립 없이는 부르주아지의 지배도 가능치
않다. 그래서 〈1848년 혁명〉은 지금껏 번번이 통일과 독립에
실패한 이 나라들, 즉 이탈리아와 독일, 헝가리에 통일과
독립을 안겨 주어야 했다. 폴란드도 때가 되면 곧 그 대열에
합류할 것이다.

이처럼 〈1848년 혁명〉은 결코 사회주의 혁명이 아니더라도
사회주의 혁명에 길을 닦고 기반을 다지는 역할을
해주었다. 모든 나라의 부르주아 체제는 대공업에 박차를
가함으로써 지난 45년 동안 곳곳에서 단단히 결집된 다수의

강력한 프롤레타리아 계급을 만들어 냈다. 공산당 선언의
표현을 빌리자면 부르주아는 〈자신의 무덤을 팔 계급〉을 제
손으로 만들어 낸 것이다. 모든 유럽 국가의 독립과 통일이
복원되지 않고는 프롤레타리아트의 국제적 통합도, 공동
목표 달성을 위한 안정되고 이성적인 단결도 이루어질 수
없다. 생각해 보라! 1848년 이전의 정치 상황에서 이탈리아,
헝가리, 독일, 폴란드, 러시아 노동자들 사이의 국제적 공동
대응이 어땠는지!

따라서 1848년의 전투들은 결코 헛되지 않았고, 이 혁명적
시기와 우리를 갈라놓은 45년의 시간도 헛되지 않았다.
열매는 익어 가고 있다. 이 시점 내가 바라는 것이라고는
이탈리아어 번역본의 출간이 이탈리아 프롤레타리아트의
승리를 위한 길조가 되었으면 하는 것뿐이다. 과거 원본의
출간이 국제적 혁명의 승리를 위한 길조가 되었듯이.

공산당 선언은 자본주의가 과거에 수행한 혁명적 역할을
인정하고 그에 대해 공정한 판결을 내린다. 최초의
자본주의 국가는 이탈리아였다. 봉건적 중세의 종말과
근대 자본주의 시대의 개막은 한 위대한 인물을 통해
특징적으로 잘 드러난다. 중세의 마지막 시인이자 근세의
첫 시인인 이탈리아의 단테가 그 주인공이다. 1300년경처럼
오늘날에도 새로운 역사 시대가 열리고 있다. 과연

이탈리아는 프롤레타리아 시대의 탄생을 선포할 새로운 단테를 우리에게 선사할 것인가?

1893년 2월 1일, 런던
프리드리히 엥겔스

작년이었다. 『공산당 선언』을 번역해 달라는 의뢰를 두말 않고 수락하면서 많은 생각이 교차했다. 음습한 골방에 숨어 이런 유의 책을 읽었어야 했을 지난 세기의 엄혹했던 시대상, 독일에서 처음 접한, 큰 도화지 위에 마르크스와 엥겔스의 얼굴을 활자로 새긴 공산당 선언, 공산주의를 유럽에 떠도는 유령으로 비유한 강렬한 첫 문장, 유학 생활 중 간첩 조작 사건에 연루되어 냉전의 거친 파고에 휩쓸렸던 개인사, 공산주의자를 비하하던 〈빨갱이〉라는 말이 언제부터인가 정치적 반대파를 향한 가학성 인격 모독으로 아무렇지도 않게 사용되는 살풍경한 현실, 매일매일 냉전의 화약고 속에서 살아가야 하는 이 땅의 우리들, 분단이라는 특수 상황을 핑계로 정의와 합리적 사고가 뒷전으로 밀리는 사회, 이 모든 게 일순간에 주마등처럼 스쳐 지나갔다고 할까! 그렇다. 이 땅에서는 여전히 마르크스가 실재한다. 유령이 아닌 현실이자 우리의 실존을 규정짓는 핵심 요소로서.

카를 마르크스(1818~1883)만큼 현실에 직접적으로 큰 영향을 끼친 사상가가 있을까? 그는 자기 말마따나 〈세계를 해석〉하는 데 그치지 않고 〈세계를 변혁〉한 거의 유일한 철학자였다. 1848년 『공산당 선언』이 나온 이후 그의 사상은 유럽 대륙에 들불처럼 번졌고, 그 들불은 19세기에 머물지 않고 20세기를 강타해 소련과 중국이라는 거대 공산국가까지 태동시켰다. 심지어 21세기에도 비록 의미는 퇴색했지만 공산주의는 중국과 러시아에서 여전히 득세하고 있고, 공산당은 세계 많은 나라들에서 건재하다. 북한 역시 많이 변형되기는 했지만 마르크스주의에 뿌리를 두고 있는 것만큼은 부인할 수 없는 사실이다. 이처럼 철학이 세계사적인 실험에 나서 권력이 되고, 생각이 현실이 된 경우는 역사상 유례가 없는 일이었다.

〈공산주의 선언〉이라 불리기도 하는 『공산당 선언』은 두 사회 혁명가 카를 마르크스와 프리드리히 엥겔스 (1820~1895)의 합작품으로 1848년 2월 21일 런던에서 독일어 본으로 처음 출간되었다. 역사상 가장 중요한 저술 중 하나로 꼽히는 30쪽짜리 이 소책자는 외국어 번역 종수로 따지면 성경 다음으로 많다고 한다. 특히 제2차

세계대전 뒤에는 출간 1백 주년을 맞아 성대한 기념식이 열렸고, 중국에서 소련에 이르는 공산주의 벨트를 넘어 전 세계 모든 공산당원들의 필독서로 자리 잡았다.

공산당 선언이 출간될 당시 유럽의 정치 사회적 상황은 굉장히 어지럽고 혼란스러웠다. 프랑스에서는 2월 혁명이 발발했고, 독일 연방(1815년 빈 회의 결정으로 35개 군주국과 4개 자유 도시를 통합해서 만들어진 연합체)에서는 군중들이 왕과 제후들로부터 정치적 권리를 쟁취하기 위해 거리에 바리케이드를 쳤다. 1830년대 이후에는 독일 연방과 프랑스에서 단순히 시민의 정치적 권리만을 요구하는 것이 아니라 사회주의 혹은 공산주의 사회를 건설하려는 분명한 목표 아래 기존의 정치 질서를 무너뜨리려는 정파들이 처음 등장하기 시작했다. 그중에서 대표적인 것이 1834년 파리에서 비밀리에 결성된 독일 망명자들의 정치 결사인 〈추방자 동맹〉이었다. 여기서 1837년 무렵에 분리되어 나온 〈의인 동맹〉이 최초의 독일 공산주의 결사였고, 이 조직을 토대로 1847년 마르크스와 엥겔스가 런던에서 결성한 국제적인 비밀 노동자 혁명 운동 조직이 〈공산주의자 동맹〉이었다. 1847년 마르크스와 엥겔스는 공산주의자 동맹으로부터 조직의 목표와 방향을 압축적으로 보여 주는 글을 써

달라는 부탁을 받았다. 공동 작업이라고는 하지만,
엥겔스도 인정하듯 대부분 마르크스의 머리에서 나온
이 강령은 유물론적 역사관에 뿌리를 두고 계급 투쟁과
프롤레타리아트의 세계사적인 역할에 대해 기술하고
있는데, 핵심 내용을 간추리면 다음과 같다.

산업 혁명은 풍요를 약속한 혁명이었다. 생산력의
획기적인 증대와 기계 장비의 발명으로 누구나 풍요로운
삶을 누리고 생존을 위한 투쟁도 옛말이 될 거라고
기대했다. 그러나 이후의 상황은 정반대로 나타났다.
대도시에 빈민촌과 슬럼가가 형성되고 약속한 현실과는
전혀 다른 세상이 펼쳐졌다. 자본은 부르주아지로
집중되고, 노동자는 노동에서 소외되고, 착취와 억압은
일상화되었다. 한 사회의 구조가 생산 양식과 경제적
토대에서 비롯되고, 그 구조에서 다시 정치적 지적 역사가
생겨난다면 인간 역사는 원시적 공동 소유가 해체된
이후 피착취 계급과 착취 계급, 피지배 계급과 지배
계급 사이의 끊임없는 계급 투쟁의 역사였다. 대공업의
발달과 함께 성장한 부르주아지는 프롤레타리아 계급의
도움을 받아 기존의 봉건적 지배층을 무너뜨리고, 자본의
힘으로 헤게모니를 장악하는 부르주아 혁명에 성공한다.

그러나 그 와중에 프롤레타리아트의 힘은 커지고, 의식은
깨이고, 단결은 확고해진다. 결국 부르주아지는 스스로
자기 무덤을 팠다. 자신을 무너뜨릴 계급을 키운 것이다.
프롤레타리아트는 부르주아지에게서 국가 권력을
쟁취해 지배 계급으로 올라서는 세계사적인 역할을
수행한다. 목표는 사회주의 국가 건설이다. 이 과정에서
공산주의자들이 선봉에 서서 프롤레타리아트를 이끈다.
프롤레타리아트는 아직 혁명력을 결집시켜 국가를 운영할
만큼 성숙한 상태가 아니기 때문이다. 프롤레타리아트의
권력 장악과 사회주의 국가 건설은 오직 국제적인 협력과
투쟁을 통해서만 달성될 수 있다. 그래서 마지막에 공산당
선언의 대미를 장식하는 유명한 구호가 나온다.
〈만국의 프롤레타리아여, 단결하라!〉

그렇다면 공산주의 이념의 궁극적인 목표는 무엇일까?
어디에도 없던 〈새로운 인간〉의 탄생이 그것이다.
구체적으로 어떤 종류의 인간을 말하는 것일까? 오래전
독일에서 유학 생활을 할 때 영국 현대 무용을 본 적이
있다. 공연 시작과 함께 칠팔십 명이 넘는 남녀 무용수들이
무대로 우르르 쏟아져 나오더니 각자 자기만의 춤을 추기
시작한다. 일치하는 춤은 하나도 없고, 정해진 동선이나

특별한 규칙은 보이지 않는다. 얼핏 보면 무질서해 보이기까지 한다. 하지만 쉴 새 없이 자리를 바꾸며 춤을 추는데도 서로 부딪치거나 엉키는 일은 없다. 일일이 지시하는 사람도 없다. 각자 그때그때 상황과 분위기에 따라 방향을 틀고 빈 공간을 내준다. 기가 막힐 정도로 아귀가 잘 들어맞는다. 마르크스와 엥겔스가 꿈꾸던 공산 사회도 저런 모습이 아니었을까? 각자의 재능을 마음껏 발휘하면서도 타인을 방해하거나 밀어낼 필요가 없고, 외부의 강제 없이도 전 구성원이 평화롭고 조화롭게 어울리는 모습 말이다. 이것이 공산사회의 이상이고, 공산사회가 만들어 내고자 한 새로운 인간형이었을 것이다.

새로운 인간은 노동으로부터 소외되지 않은 인간이다. 마르크스의 진단에 따르면 산업화의 진행과 함께 인간은 자신이 하는 일로부터 소외되었다. 다시 말해 프롤레타리아는 한 생산 파트에 묶여 단순 노동에만 종사함으로써 기계의 부품으로 전락했고, 노동 자체에 대한 즐거움까지 잃어버렸다. 이런 상황에서 자신이 좋아하고 잘하는 일로 자아를 실현하는 것은 요원한 일이다. 이로써 노동은 자본가들의 착취 수단이자 기껏해야 최저 생계 수단의 기능밖에 하지 못하게 되었다.

마르크스는 새로운 인간을 만들어 낼 해법으로 생산
수단의 사회적 공유와 사유 재산 철폐를 제시한다. 생산
수단의 국유화와 함께 생산력이 극대화되면 모든 사회
구성원은 부족함 없는 생활을 누릴 수 있고, 거기다
욕망을 부추기는 사적 소유까지 없애면 인간의 이기심을
제어할 수 있다고 믿은 것이다. 그런데 프롤레타리아
혁명으로 생산 수단의 공유 및 사유 재산의 철폐 같은 외적
환경이 개선되더라도 인간 심성에 오랫동안 내재되어 온
근원적인 이기심과 악습은 쉽게 타파되지 않는다. 그래서
프롤레타리아트의 직접적인 지배 이전에 공산당 일당 독재
체제하에서 인간의 오랜 노예근성과 이기심을 뜯어고치는
철저한 교육이 필요하다. 그 이후에야 외부 강제 없이도
타인을 짓밟거나 착취하지 않으면서 개인이 자신의
잠재력을 마음껏 펼치는 조화로운 공동체가 생겨나고,
개성을 추구하는 동시에 공동선에 복무하는 새로운
인간이 탄생한다. 이것이 자발적으로 이기심을 억누르면서
모두를 위해 행동하는 공산주의적 인간이다.
이런 인간의 탄생이 정말 가능할까? 가끔 우리 사회의
작은 공동체 안에서 그 가능성의 일단을 보기도 하고,
환경이 어느 정도 인간을 만든다는 데도 동의한다.
그러나 인간의 이기적 속성은 뿌리 깊다. 생명 유지

자체가 이기적 행위를 전제로 하고, 생물의 진화사도 어떤 면에서는 환경에서 살아남으려는 이기적 유전자들의 발전사일 뿐이다. 따라서 인간의 이기심은 수십억 년의 진화사만큼이나 오래되었다. 그것을 환경 변화나 인위적인 교육으로 뜯어고쳐 완전히 새로운 인간으로 거듭나게 하는 것은 사실상 불가능하다. 설령 그게 가능하다고 하더라도 현실사회주의 국가들에서 드러났듯이 먼저 솔선수범해야 할 공산당 간부나 지도자들이 오히려 지위를 이용해 사리사욕을 채우는 데 바빴기에 인민들을 새로운 인간으로 탈바꿈하는 것은 공염불일 수밖에 없었다. 사실 현실사회주의의 패망 원인 중 하나도 공산당 간부들의 관료화와 부정부패가 아니던가! 결국 마르크스는 인간을 잘못 보았을지 모른다. 인간의 뿌리 깊은 이기심을 개조할 수 있다고 오판한 것이다. 이런 측면에서 보자면 인간 이기심을 가장 잘 체계화한 제도는 자본주의다. 자체 내의 모순으로 붕괴되리라던 자본주의가 지금도 전 세계를 휩쓸고 있는 것도 그 때문일지 모른다.

그러나 체제 경쟁에서 완승을 거두었다는 자신감 때문인지 자본의 이기심은 극단으로 치닫고 있다. 자본의 이익은 극대화되는 반면에 노동의 대가는 한없이 쪼그라들어

세계의 상위 1퍼센트가 전체 부의 절반을 소유하고, 그
추세는 점점 가속화된다. 이유는 분명하다. 토마 피케티가
『21세기 자본』에서 주장한 것처럼 자본이 스스로 증식해서
얻는 수익(임대료, 배당, 이자, 이윤)이 직접적인 노동으로
벌어들이는 소득을 월등히 추월하면서 상위 1퍼센트와
나머지 99퍼센트 간의 소득 격차가 극단적으로 벌어지고
있기 때문이다. 게다가 자본의 탐욕은 더욱 교묘하고
악랄해지는 반면에 대중은 정치인과 자본가들이 던져
주는 장밋빛 미끼에 현혹되어 자신이 자본에 예속되어
살고 있다는 사실조차 깨닫지 못한다. 그로써 자본이
없는 사람은 평생 동안 노동에 몸 바쳐도 그에 합당한
대가를 받지 못하고 불안한 미래에 시달린다. 이처럼
자본이 지배하는 사회에서는 자본의 소유에 따라 인간의
가치가 결정되고, 계층 이동은 불가능해지고, 부와 가난의
대물림은 고착화된다. 이것이 산업과 기술 혁명으로
풍요를 누리고 산다는 21세기 현재의 암울한 이면이다.
대안은 있을까? 사회주의와 공산주의가 대안이 될 수
없음은 이미 명백해졌다. 그렇다면 지금껏 없었던 새로운
이론이 등장할까? 그럴 가능성은 희박해 보인다. 남은
건 하나다. 달리는 기관차를 완전히 멈추어 세울 수
없다면 달리는 상태에서 고칠 수밖에 없다. 그러자면

177

수리 수단으로 우리가 갖고 있는 것들에 주목해야 한다.
마르크스주의도 그중 하나다. 마르크스의 사상은 비록
대안이 되지는 못할지언정 자본주의의 병폐를 잘 지적하고
있고, 그가 내세운 사회 분석과 인간 소외의 구조적
원인, 인간 해방의 가치는 여전히 유효하기 때문이다.
사실 마르크스의 예견과는 달리 자본주의가 내재한
모순으로 멸망하지 않은 데에는 역설적으로 마르크스의
역할이 컸다. 자본주의의 위정자들은 마르크스가
지적한 자본주의의 폐해를 늘 경계하면서 체제 내의
모순을 스스로 수정 개선해 왔기 때문이다. 그러니까
프롤레타리아 혁명에 대한 위협이 자본주의 체제를 부단히
개혁시켜 온 힘 중 하나였던 것이다.
자본주의에 물든 형해화한 현실사회주의만 남은
시대임에도 공산당 선언에 새삼 주목해야 할 이유가
여기에 있다. 게다가 공산주의의 〈공〉 자만 들어가도
빨갱이 서적이라며 무조건 탄압하던 체제에 반발해서
스펀지 물 빨아들이듯 아무 비판 없이 받아들이던 시절이
한참 지난 지금에야 객관적으로 좀 거리를 두고 우리
현실에 필요한 인식의 실마리를 찾을 수 있을지 모른다.
시간과 공간을 초월해 우리에게 말을 거는 것이 고전의
힘일 테니까. 다만 시대가 바뀐 만큼 이제 우리에게

진정으로 필요한 것은 프롤레타리아 계급의 단결이
아니라 자본의 횡포에 맞설 시민들의 단결일 것이다.
그렇다면 공산당 선언의 마지막 구절도 우리 시대에는
이렇게 바뀌어야 한다.
깨어 있는 시민들이여, 단결하라!

2015년 5월
박 종 대

옮긴이주

1 중세 이후 수공업자 동업조합인 〈길드〉에는 장인과 기능공, 도제가 있었다. 장인은 최고의 기능장을, 기능공은 일정한 견습공 기간을 거친 뒤 기능사 시험에 합격해 장인 밑에서 전문 기술을 좀 더 익히고 견습공들을 가르치는 기술자를, 도제는 그 밑에서 처음 일을 배우는 견습공을 가리킨다. 마르크스는 장인과 도제의 관계도 억압과 피억압의 관계로 보았다.

2 시민권은 있으나 도시의 성곽 안에 살지 못하고 성곽 외부에서 거주해야 하는 주민.

3 공장제 공업. 분산되어 있던 가내 노동자들을 한 공장에 모아 통일적인 지휘 아래 대량 생산을 하는 공업.

4 Young England. 토리당의 정치가와 문필가들로 이루어진 집단으로 1840년대 초에 형성되었다. 지주 귀족들의 이익을 대변하던 청년 영국파는 부르주아의 정치경제적 힘이 커지자 이들과의 싸움에 노동자들을 끌어들이려 했다.

5 Sismondi, Jean Charles Léonard Simonde de(1773~1842). 스위스의 역사가·경제학자. 프랑스 고전 경제학파 최후의 대표자로 공동체적인 개량주의를 주장하여 강단講壇 사회주의의 시조가 되었다.

6 프랑스 사회주의자 푸리에C. Fourier가 주창한 사회주의적 공동체.

7 1817년 로버트 오언Robert Owen이 공산주의적 사회 모델의 하나로 제시한 협동 부락.

8 공상적 사회주의자 에티엔카베Étienne Cabet가 1840년에 발표한 공상 소설『이카리아 여행기』에서 제시한 이상 사회.

9 차티스트Chartist는 영국에서 1830년대와 1840년대에 걸쳐 노동자의 정치적 권리, 특히 보통 선거권 획득을 위해 싸운 참정권 운동가들을 가리킨다.

10 개혁주의자는 1843년 7월부터 1850년 1월까지 파리에서 발행된, 프티부르주아적 민주주의자와 사회주의자들의 기관지인『개혁La Réforme』을 추종하는 사람들을 가리킨다.

11 공산주의자 동맹 제1차 대회(1847년 6월)에서 채택된 강령 초안인「공산주의 신조 표명」의 개정안으로서 엥겔스가 11월에 집필해서 제2차 대회(11월 말~12월)에 제출한 문답식 문서.

12 이 질문에 대한 답은 추후에 할 생각이었는지 공란으로 비워져 있다.

13 국가가 재원을 조달할 목적으로 국민에게 강제로 공채를 배당해서 인수하도록 하는 제도. 공권력에 의해 강제된다는 점에서 조세와 비슷한 성격을 띤다.

14 22번과 23번 문항의 경우, 구체적인 답변이 없고 예전과 〈그대로이다bleibt〉라고만 적혀 있는 걸로 보아, 지금까지 발견되지는 않았지만 또 다른 초안이 있었을 것으로 추정된다.

15 영국 차티스트 운동의 기관지 격인 정치 주간지.

16 1871년 프로이센·프랑스 전쟁에서 프랑스가 패배하고 나폴레옹 3세의 제2제정이 몰락하는 과정에서, 파리에서 일어난 민중 봉기. 혁명 정부는 72일 동안 존속하면서 민주 개혁을 시도했으나 정부군에 패하여 붕괴되었다.

17 파리 코뮌 성립 이후인 1871년 4월에 마르크스가
국제노동자협회 전 회원에게 보낸 〈총평의회 성명서〉이다.
코뮌 패배 직후인 5월 30일에 총평의회에서 승인받았고,
6월 중순에 런던에서 35페이지짜리 소책자로 간행된 뒤 유럽
주요 나라 언어로 번역되어 신문과 잡지에 실렸다.

18 Kolokol. 러시아어로 〈종bell〉이라는 뜻. 검열에서 자유로웠던
러시아 주간지. 1865년까지는 런던에서 이 잡지를 펴냈으나, 이후
인쇄소는 제네바로 옮겨졌다.

19 Gatschina. 레닌그라드에서 남서쪽으로 45킬로미터 떨어진
지역. 같은 이름의 유명한 성이 있다. 10월 혁명 전에는 러시아
차르의 휴양지였으나 오늘날에는 박물관으로 변했다. 러시아
알렉산드르 3세는 혁명가들로부터 테러를 당하지 않으려고
이곳에 숨어 있었다고 한다.

20 1815년 빈 회의 결정에 따라 바르샤바 공국의 후계국으로
세워진 왕국. 러시아 제국과 동군 연합同君聯合으로 묶여
있었는데, 점차 러시아에 정치적으로 흡수되어 1867년에는 아예
러시아 직할령이 되었다.

옮긴이 박종대

성균관대학교에서 독어독문학과와 대학원을 졸업하고 독일 쾰른에서 문학과 철학을 공부했다. 사람이건 사건이건 늘 표층보다 이면에 관심이 많고, 어떻게 사는 것이 진정 자기를 위하는 길인지 고민하는 제대로 된 이기주의자가 꿈이다. 옮긴 책으로는 『미의 기원』, 『데미안』, 『수레바퀴 아래서』, 『바르톨로메는 개가 아니다』, 『나폴레옹 놀이』, 『유랑극단』, 『목매달린 여우의 숲』, 『늦여름』, 『토마스 만 단편선』, 『위대한 패배자』, 『주말』, 『귀향』, 『그리고 신은 애기나 좀 하자고 말했다』, 『군인』 등이 있다.

그림 페르난도 비센테Fernando Vicente

1980년대 초반부터 여러 신문과 잡지 및 다양한 연령대를 위한 책에 삽화가로 참여했다. 그 이후 10여 년 동안 광고 회사에서 아트 디렉터로 활동하다 1999년부터 다시 본격적으로 삽화가 및 화가로 활동을 하고 있다. 다양한 전시에 참여했으며, 토요일마다 발행되는 문화 잡지 『바벨리아Babelia』에 문학 관련 삽화를 꾸준히 그리고 있다. 그의 일러스트에는 항상 인물이 등장하고 있으며 인체 해부, 지도, 기계 등의 테마가 등장한다.
www.fernandovicente.es

일러스트
공산당 선언·공산주의 원리

지은이 카를 마르크스, 프리드리히 엥겔스 **그림** 페르난도 비센테
옮긴이 박종대 **발행인** 홍지웅 **발행처** 미메시스
주소 경기도 파주시 문발로 253 파주출판도시 **대표전화** 031-955-4400
팩스 031-955-4405 **홈페이지** www.mimesisart.co.kr
Copyright (C) 미메시스, 2015, Printed in Korea.
ISBN 979-11-5535-055-3 03160 **발행일** 2015년 8월 10일 초판 1쇄

이 도서의 국립중앙도서관 출판시도서목록(CIP)은 e―CIP 홈페이지
(http://www.nl.go.kr)에서 이용하실 수 있습니다(CIP 제어번호: CIP2015020213).

이 책은 실로 꿰매어 제본하는 정통적인 사철 방식으로 만들어졌습니다.
사철 방식으로 제본된 책은 오랫동안 보관해도 손상되지 않습니다.